Isabel Felip Sardà *Traducción glosario*
Christiane Seuthe *Explicaciones gramaticales*
Vicente Ayuso García *Fonética*
Sophie Caesar *Notas culturales / Biografías*
Gabriel Carrascal Aguirre *Lugares y arquitecturas*

A1.1

MENSCHEN

Deutsch als Fremdsprache
Glossar XXL | Guía

Deutsch – Spanisch
Alemán – Español

Hueber Verlag

3. 2. 1. | Die letzten Ziffern
2017 16 15 14 13 | bezeichnen Zahl und Jahr des Druckes.
Alle Drucke dieser Auflage können, da unverändert, nebeneinander benutzt werden.
1. Auflage

Umschlaggestaltung: Sieveking · Verlagsservice, München
Zeichnungen: Michael Mantel, www.michaelmantel.de
Layout und Satz: Sieveking · Verlagsservice, München
Verlagsredaktion: Daniela Blech-Straub, Bad Schönborn
Druck und Bindung: Himmer AG, Augsburg
Printed in Germany
ISBN 978-3-19-191901-6

Índice

Lección 1: Hallo! Ich bin Nicole ...

1

deutsch	Welche deutschen Namen kennen Sie?	alemán
heißen	Wie heißen Sie?	llamarse
hören	Hören Sie das Lied.	oír
kennen	Welche deutschen Namen kennen Sie?	conocer
das Lied, -er	Hören Sie das Lied.	la canción
der Name, -n	Welche deutschen Namen kennen Sie?	el nombre
noch	Welches Lied kennen Sie noch?	aquí: otro/a
Sie	Hören Sie!	usted, ustedes
welche	Welche deutschen Namen kennen Sie?	cuál, qué...
wie	Wie heißt das Lied?	como, cómo

2

an·kreuzen	Kreuzen Sie an.	marcar con una cruz
die (Plural)	Notieren Sie die Namen.	los, las (plural)
du	Wer bist du?	tú
ein/e	Zeichnen Sie einen Sitzplan.	un, una (artículo)
hallo	Hallo, ich bin ...	hola
ich	Ich heiße Paco.	yo
das Kettenspiel, -e	Kettenspiel: Sprechen Sie.	el juego en cadena
meist-	Wer weiß die meisten Namen?	aquí: más
notieren	Notieren Sie die Namen.	anotar, tomar nota
sein (Verb)	Ich bin Nicole.	ser, estar (verbo)
der Sitzplan, ¨e	Zeichnen Sie einen Sitzplan.	el orden de los asientos
sprechen	Sprechen Sie.	hablar
und	Hören Sie und kreuzen Sie an.	y
wer	Wer bist du?	quién
wissen	Wer weiß die Namen?	saber
zeichnen	Zeichnen Sie.	dibujar

BILDLEXIKON

auf Wiedersehen	Auf Wiedersehen, Herr Rodriguez.	adiós
guten Abend	Guten Abend, Frau Wachter.	Buenas tardes / Buenas noches
gute Nacht	Gute Nacht, Nicole.	Buenas noches (despedida)
guten Morgen	Guten Morgen, Paco.	Buenos días
guten Tag	Guten Tag, Frau Wachter.	Buenos días / Buenas tardes

3

ergänzen	Ergänzen Sie.	completar
das Gespräch, -e	Hören Sie das Gespräch.	la conversación
mit	Vergleichen Sie mit a.	con
nein	Nein, ich komme aus Mexiko.	no
sagen	Wer sagt das?	decir
vergleichen	Vergleichen Sie.	comparar
was	Wer sagt was?	qué
weiter·hören	Hören Sie weiter.	continuar escuchando
zu·ordnen	Ordnen Sie zu.	clasificar

PAÍSES

	(das) Ägypten	Egipto		(das) Mazedonien	Macedonia
	(das) Deutschland	Alemania		(das) Mexiko	México
	(das) Frankreich	Francia		(das) Österreich	Austria
	(das) Großbritannien	Gran Bretaña		die Schweiz	Suiza
	(das) Indien	la India		(das) Spanien	España
	Iran	Irán		die Türkei	Turquía

4

die (Singular)	die Musik	la (singular)
die Musik (Sg.)	Woher kommt die Musik?	la música

5

auch	Und wie geht's Ihnen? – Auch gut.	también
danke	Wie geht's? – Danke, gut.	gracias
die Frau, -en	Hallo, Frau Wachter.	la mujer, la señora
gut	Wie geht's? – Gut, danke.	bien
der Herr, -en	Auf Wiedersehen, Herr Rodriguez.	el señor
Ihnen	Wie geht's Ihnen?	le (de Usted): ¿cómo está Ud? ¿cómo le va?
der Tag, -e	Guten Tag.	el día

6

antworten	Fragen und antworten Sie.	contestar, responder
arbeiten	Arbeiten Sie zu viert.	trabajar
auf	Arbeiten Sie auf Seite 73.	aquí: sobre, en
bekannt	Angela Merkel ist eine bekannte Persönlichkeit.	conocido
der Familienname, -n	Familienname: Rodriguez, Wachter …	el apellido

fehlend	Ergänzen Sie die fehlenden Informationen.	aquí: que faltan
formell	formell: Sie	formal
Ihr/e	Ihr Partner arbeitet auf Seite 77.	su/ -s (de Ud./-es.)
die Information, -en	Ergänzen Sie die Informationen.	la información
informell	informell: du	informal
ja	Er kommt aus Mexiko, hm? – Ja.	sí
noch einmal	Hören Sie noch einmal.	otra vez
oder	Du oder Sie?	o
der Partner, - / die Partnerin, -nen	Ihre Partnerin arbeitet auf Seite 77.	el compañero / la compañera / la pareja
die Persönlichkeit, -en	bekannte Persönlichkeiten: Angela Merkel …	la personalidad
die Seite, -n	Arbeiten Sie auf Seite 73.	aquí: la página
sie (Singular)	Das ist Nicole. Sie kommt aus Österreich.	ella
üben	Üben Sie: du oder Sie?	practicar
der Vorname, -n	Vorname: Nicole, Paco, Winfried …	el nombre de pila
würfeln	Würfeln Sie. 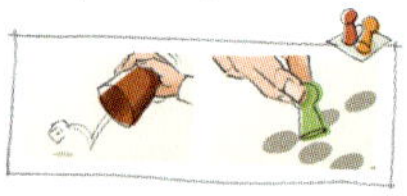	aquí: echar el dado

7

dir	Wie geht es dir?	te: ¿cómo estás?, ¿cómo te va?
nicht	Nicht so gut.	no
die Person, -en	Wer ist die Person?	la persona
sehr	Wie geht's? – Sehr gut. 	muy
so	Wie geht's? – Nicht so gut. 	tan

TIPP
Aprende las preguntas junto con las respuestas.

Wie geht es dir? – Danke, gut.
Wie heißen Sie? – Ich bin …

8

die Konferenz, -en	Sie sind auf einer Konferenz.	aquí: la reunión
das Namensschild, -er	Schreiben Sie Namensschilder.	la placa / la tarjeta con el nombre
die Party, -s	Sie sind auf einer Party.	la fiesta
schreiben	Schreiben Sie Namensschilder und sprechen Sie.	escribir

9

bitte	Wie bitte?	por favor
buchstabieren	Buchstabieren Sie bitte.	deletrear
diktieren	Diktieren Sie Ihren Namen.	dictar
mein/e	Mein Name ist …	mi (posesivo)
nach·sprechen	Sprechen Sie nach.	repetir lo dicho por alguien
der Umlaut, -e	Ä ist ein Umlaut.	la vocal modificada

10

der Abschied, -e	Abschied: Tschüs! Gute Nacht!	la despedida
die Begrüßung (Sg.)	Begrüßung: Hallo! Guten Tag!	el saludo
das Bildlexikon, -lexika	Hören Sie die Wendungen aus dem Bildlexikon.	el diccionario de imágenes
der Abend, -e	Guten Abend.	la tarde
der Morgen, -	Guten Morgen.	la mañana
die Nacht, ¨-e	Gute Nacht.	la noche
die Wendung, -en	Hören Sie die Wendungen.	el giro

11

das Ende	Verabschieden Sie sich am Ende.	el final
die Stunde, -n	Die erste Stunde im Kurs	la hora

LERNZIELE

das Alphabet, -e	das Alphabet: A, B, C …	el alfabeto
andere	Stellen Sie andere Personen vor.	otra, otros, -as
aus	Ich komme aus Österreich.	aquí: de (procedencia)
das Befinden (Sg.)	Fragen Sie nach dem Befinden.	el estado
begrüßen (sich)	sich begrüßen: Hallo. – Guten Tag.	saludar(se)
das (Artikel)	das Alphabet	el, la (artículo)
das: das ist …	Das ist Paco.	éste / ésta / esto es
er	Er kommt aus Mexiko.	él
fragen	Fragen Sie. 	preguntar
gehen	Wie geht's?	ir
die Grammatik, -en	Grammatik: Konjugation, Fragen …	la gramática
kommen (aus)	Du kommst aus Deutschland, hm?	venir, proceder (de)
die Konjugation, -en	Konjugation Singular: ich komme, du kommst, er/sie kommt, Sie kommen	la conjugación
das Land, ¨-er	Liechtenstein ist ein Land.	el país
nach	Fragen Sie nach dem Befinden.	aquí: por (preguntar por)
der Singular (Sg.)	Singular: eine Person, ein Partner, ich, du …	el singular (sing.)
tschüs	Sagen Sie: tschüs oder auf Wiedersehen!	adiós, chao
verabschieden (sich)	Verabschieden Sie sich mit tschüs.	despedir(se)
vorstellen (sich/ andere)	Sagen Sie Ihren Namen. = Stellen Sie sich vor.	presentar(se) / a otros
die W-Frage, -n	W-Frage: Wer? Woher? Wie?	[pregunta que empieza con partícula interrogativa]
woher	Woher kommst du?	de dónde
das Wortfeld, -er	Wortfeld: Länder	el campo semántico

GRAMMATIK UND KOMMUNIKATION

die Aussage, -n	Aussage: Ich heiße Paco.	el enunciado
die Herkunft, ¨-e	Herkunft: Woher kommen Sie?	la procedencia
die Kommunikation (Sg.)	Sprechen = Kommunikation	la comunicación
die Position, -en	Das Verb ist auf Position 2.	la posición
das Sprechtraining, -s	Sprechtraining: Sprechen Sie das Alphabet nach.	la práctica oral
das Verb, -en	Verb: kommen, heißen, sein	el verbo
die Wiederholung, -en	um Wiederholung bitten: Wie bitte?	la repetición
bitten um	um Wiederholung bitten: Wie bitte?	pedir

Lección 2: Ich bin Journalistin.

1

an·sehen	Sehen Sie die Visitenkarten an.	mirar
der Architekt, -en / die Architektin, -nen	Markus Bäuerlein ist Architekt.	el arquitecto
der Diplom-Informatiker, - / die Diplom-Informatikerin, -nen	Ich bin Diplom-Informatiker.	el licenciado en informática
Dr. (Doktor)	Dr. Barbara Meinhardt-Bäuerlein	Dr. (el doctor)
das Foto, -s	Sehen Sie die Fotos an.	la foto
glauben	Ich glaube, das ist Markus Bäuerlein.	creer
das Handy, -s	Handy: 0163-909865651	el teléfono móvil
der Hörtext, -e	Hören Sie den Hörtext.	la audición
der IT-Spezialist, -en / die IT-Spezialistin, -nen	Ich bin IT-Spezialist.	el especialista
die Mail, -s	Mail: mb@x-media.de	el mail
meinen	Was meinen Sie? Wer ist wer?	opinar
das Telefon, -e	Telefon: 030-253812120	el teléfono

BILDLEXIKON

der Mechatroniker, - / die Mechatronikerin, -nen	Ich arbeite als Mechatroniker.	el / la electromecánico/a de coches
der Student, -en /		el estudiante
die Studentin, -nen	Nadine ist Studentin.	la estudiante

2

als	Ich arbeite als Journalistin.	aquí: de (trabajar de)
die Ausbildung, -en	Ich mache eine Ausbildung als Friseur.	la formación

bei	Ich arbeite bei X-Media.	en (trabajar en)
beruflich	Was machen Sie beruflich?	profesionalmente
finden	Hilfe finden Sie im Bildlexikon.	encontrar
die Hilfe, -n	Hilfe finden Sie im Wörterbuch.	la ayuda
der Historiker, - / die Historikerin, -nen	Ich bin Historikerin.	la ayuda
im	Hilfe finden Sie im Wörterbuch.	en el/la (lugar: en el diccionario)
der Job, -s	Ich habe einen Job als Kellnerin.	el trabajo
das Kärtchen, -	Schreiben Sie Kärtchen.	la tarjetita
der Kurs, -e	Suchen Sie im Kurs.	el curso
machen	Was machen Sie beruflich?	hacer
das Plakat, -e	Machen Sie ein Plakat.	el cartel / el póster
das Praktikum, Praktika	Ich mache ein Praktikum bei X-Media.	el periodo de prácticas
die Schule, -n	Schule: Goethe-Gymnasium	el colegio, la escuela
der Schüler, - /		el alumno
die Schülerin, -nen	Ich bin Schüler.	la alumna
der Single, -s	Ich bin Single.	el soltero
die Stelle, -n	Stelle: Journalistin bei X-Media	aquí: puesto de trabajo
suchen	Suchen Sie im Kurs.	buscar
die Universität, -en	Universität: Sorbonne in Paris	la universidad
von	Was sind Sie von Beruf?	aquí: de (trabajar de)
das Wörterbuch, ¨er	Hilfe finden Sie im Wörterbuch.	el diccionario

PROFESIONES

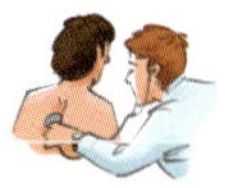	der Arzt, ¨e / die Ärztin, -nen	el / la médico/a
	der Friseur, -e / die Friseurin, -nen	el / la peluquero/a
	der Ingenieur, -e / die Ingenieurin, -nen	el / la ingeniero/a
	der Journalist, -en / die Journalistin, -nen	el / la periodista
	der Kellner, - / die Kellnerin, -nen	el / la camarero/a
	der Lehrer, - / die Lehrerin, -nen	el / la profesor/a
	der Schauspieler, - / die Schauspielerin, -nen	el / la actor / actriz
	der Sekretär, -e / die Sekretärin, -nen	el / la secretario/a
	der Verkäufer, - / die Verkäuferin, -nen	el / la vendedor/a

3

aber	Wir sind nicht verheiratet, aber Peter und ich leben zusammen.	pero
allein	Ich lebe allein.	solo
etwas	Haben Sie etwas gemeinsam?	algo, alguna cosa
gemeinsam	Was haben Sven und Nadine gemeinsam?	conjuntamente, juntos
geschieden	Ich bin geschieden. 	divorciado/a
ihr	Wo wohnt ihr?	vosotros, su (de ella -os, -as)
in	Sven und Nadine wohnen in Berlin.	aquí: en (lugar)
das Interview, -s	Hören Sie das Interview.	la entrevista
jemand	Hat jemand etwas mit Ihnen gemeinsam?	alguien
jetzt	Fragen Sie jetzt die anderen Paare.	ahora
kein/e	Sie haben keine Kinder.	ningún
das Kind, -er	Wir haben ein Kind.	el niño
das Paar, -e	Fragen Sie die anderen Paare im Kurs.	la pareja
richtig	Was ist richtig? Kreuzen Sie an.	correcto
sie (Plural)	Sie leben zusammen.	ellos, ellas (plural)
die Stadt, ¨-e	In welcher Stadt wohnen Sie?	la ciudad
überlegen	Überlegen Sie mit Ihrem Partner.	pensar
wir	Wir sind geschieden.	nosotros
wohnen	Sie wohnen in Berlin.	vivir, habitar
zusammen·leben	Peter und ich leben zusammen.	vivir juntos, convivir

4

falsch	2 – 4 – 6 – ... 10? – Falsch.	erróneo, falso
fehlen	Welche Zahl fehlt?	faltar
das Rätsel, -	Machen Sie Rätsel.	la adivinanza
die Variante, -n	Machen Sie Zahlenreihen. Variante: Machen Sie Rätsel.	la variante
von ... bis	Zahlen von 0 bis 100	de... a/hasta
die Zahlenreihe, -n	Machen Sie Zahlenreihen.	la serie numérica

5

alt	Wie alt bist du?	mayor, viejo, antiguo
das Alter, -	Alter: Ich bin 34.	la edad
der Arbeitgeber, -	Barbara arbeitet bei X-Media. Das ist der Arbeitgeber.	el empresario, el empleador, el patrón
das Echo, -s	Spielen Sie „Echo“.	el eco
das Jahr, -e	Ich bin auch 34 Jahre alt.	el año
spielen	Spielen Sie „Echo“.	aquí: jugar
super	Super! Ich bin auch 34.	super

wo	Wo wohnen Sven und Nadine?	dónde
der Wohnort, -e	Wohnort: Berlin	el domicilio

6

ähnlich	Machen Sie ähnliche Aufgaben.	similar, parecido
arbeitslos	Ist Helga Stiemer arbeitslos?	sin empleo, desempleado, parado
die Aufgabe, -n	Machen Sie zu zweit ähnliche Aufgaben.	la tarea
die Krankenschwester, -n / der Krankenpfleger, -	Sonja Wilkens ist Krankenschwester von Beruf.	la enfermera
(das) Norwegen	Kommen Sie aus Norwegen?	Noruega
(das) Portugal	Kommt Carlos aus Portugal?	Portugal
der Rentner, - / die Rentnerin, -nen	Helga Stiemer ist Rentnerin.	el / la pensionista
(das) Schweden	Bo Martinson kommt aus Schweden.	Suecia
studieren	Er studiert in Kiel.	estudiar, cursar estudios universitarios
vor·lesen	Ihre Partnerin liest Ihnen drei Texte vor.	leer en voz alta (a alguien)
das Wort, ¨-er	Verstehen Sie ein Wort nicht?	la palabra
verstehen	Verstehen Sie ein Wort nicht? Hilfe finden Sie im Wörterbuch.	entender, comprender
zusammen·arbeiten	Arbeiten Sie mit einem anderen Paar zusammen.	trabajar conjuntamente

7

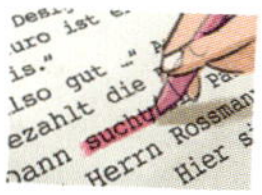

(das) Dänemark	Mette kommt aus Dänemark.	Dinamarca
markieren	Markieren Sie die Verben.	marcar
selbst	Schreiben Sie einen Text über sich selbst.	mismo

LERNZIELE

der Beruf, -e	über den Beruf sprechen: Ich bin Journalistin.	la profesión
der Familienstand (Sg.)	Der Familienstand? Ich bin verheiratet.	el estado civil
haben	Ich habe einen Job als Kellnerin.	tener
das Internet-Profil, -e	Ergänzen Sie Ihr Internet-Profil.	el perfil en internet
kurz	Schreiben Sie einen kurzen Text.	corto
lesen	Lesen Sie die Visitenkarten.	leer
die Negation, -en	Negation mit „nicht“: Ich bin nicht verheiratet.	la negación
Persönliches	über Persönliches sprechen: Ich bin verheiratet.	datos personales
der Plural (Sg.)	Singular: ich bin, Plural: wir sind	el plural
sich	Schreiben Sie einen Text über sich.	se (pronombre reflexivo)
der Steckbrief, -e	Schreiben Sie einen Steckbrief.	la ficha personal
der Text, -e	Schreiben Sie einen Text.	el texto

über	Sprechen Sie über den Beruf.	aquí: sobre
verheiratet	Ich bin verheiratet.	casado/a
die Visitenkarte, -n	Sehen Sie die Visitenkarten an.	la tarjeta de visita
die Wortbildung, -en	Wortbildung mit -in: Journalist, Journalistin	la formación, la composición de palabras
die Zahl, -en	Zahlen: 1, 2, 3 …	el número

GRAMMATIK UND KOMMUNIKATION

der	• der Journalist, • der Arzt	el (artículo)
leben (in)	Ich lebe in Köln.	vivir
die Präposition, -en	Präpositionen: als, bei, in	la preposición
das Schreibtraining, -s	Schreibtraining: Schreiben Sie einen Text über sich.	la práctica de la escritura

TIPP

Escribe nuevas palabras y frases ejemplo en pequeñas fichas.

leben
Wir leben in Malaga.

Lección 3: Das ist meine Mutter.

1

das Bild, -er	Die Frau auf dem Bild ist Herberts Frau.	aquí: la imagen

2

die Physik (Sg.)	Mark studiert Physik.	la física

BILDLEXIKON

der Sohn, ⸚e
el hijo

die Tochter, ⸚
la hija

der Vater, ⸚
el padre

die Mutter, ⸚
la madre

die Eltern (Pl.)
los padres

der (Ehe)Mann, ⸚er
el marido

die (Ehe)Frau, -en
la esposa

der Bruder, ⸚
el hermano

die Schwester, -n
la hermana

die Geschwister (Pl.)
los hermanos

die Enkelin, -nen
der Enkel, - /
el nieto / la nieta

der Großvater, ⸚/der Opa, -s
el abuelo

die Großmutter, ⸚/die Oma, -s
la abuela

die Großeltern (Pl.)
los abuelos

FAMILIA

3

bitte	Elvira! Bitte!	por favor
der Dialog, -e	Spielen Sie ähnliche Dialoge.	el diálogo
die Tabelle, -n	Ergänzen Sie die Tabelle.	la tabla
dann	Lesen Sie und ergänzen Sie dann die Tabelle.	entonces, después

4

die Antwort, -en	Ist die Antwort richtig?	la contestación, respuesta
auf (lokal)	Legen Sie die Karten auf einen Stapel.	en, encima, sobre
beantworten	Person A zieht die Karte und beantwortet die Frage.	contestar, responder
behalten	Ist die Antwort richtig? Person A behält die Karte.	guardar, retener; aquí: quedarse
die Frage, -n	Schreiben Sie W-Fragen zu den Personen.	la pregunta
gewinnen	Gewonnen hat die Person mit den meisten Karten.	ganar
die Karte, -n	Schreiben Sie Fragen zu den Personen auf Karten.	aquí: la carta (de una baraja)
legen	Legen Sie die Karten auf einen Stapel.	poner
mischen	Mischen Sie die Karten. 	mezclar, aquí: barajar
die Reihe, -n:		la fila
an der Reihe sein	Jetzt ist Person B an der Reihe.	aquí: tocar (turno)
der Stapel, -	Die Karte kommt unter den Stapel.	el montón, aquí: montón de cartas (de una baraja)
unter	Die Karte kommt unter den Stapel.	debajo
wieder	Legen Sie die Karte wieder unter den Stapel.	de nuevo, otra vez, volver a…
ziehen	Person A zieht eine Karte.	estirar, aquí: sacar (una carta)

5

die Angabe, -n	Ihr Partner sucht die falschen Angaben.	el dato
genau	Dein Bruder ist nicht verheiratet, oder? – Ja, genau.	exacto, exactamente
oder?	Du bist nicht verheiratet, oder?	o

6

das Familienmitglied, -er	Wie heißen Marks Familienmitglieder?	el miembro de la familia

7

der Freund, -e / die Freundin, -nen	Ewa ist meine Freundin.	el / la amigo/a

der Kollege, -n / die Kollegin, -nen	Wer ist das? Dein Kollege?	el / la compañero/a
raten	Schreiben Sie Namen. Die anderen raten: Wer ist das?	adivinar
der Zettel, -	Schreiben Sie Namen auf einen Zettel.	la nota

8

die Familiengeschichte, -n	Wir sprechen über Familiengeschichten.	la historia de la familia
interviewen	Interviewen Sie Ihren Partner.	entrevistar
die Notiz, -en	Machen Sie Notizen.	la anotación

9

die Auflösung, -en	Die Auflösung finden Sie auf Seite …	la disolución
ein bisschen	Ich spreche ein bisschen Deutsch.	un poco
farbig	Markieren Sie farbig.	en color, de colores
das Gebiet, -e	Markieren Sie die Gebiete farbig.	el territorio, la zona
die Kursstatistik, -en	Machen Sie eine Kursstatistik über die Sprachkenntnisse im Kurs.	la estadística del curso
das Mini-Projekt, -e	Wir machen ein Mini-Projekt: eine Kursstatistik über Sprachkenntnisse.	el miniproyecto
das Rätoromanisch	Wir sprechen Rätoromanisch.	el retorromano
viele	In der Schweiz spricht man viele Sprachen.	muchos, -as
wie viel(e)	Wie viele im Kurs sprechen Englisch?	¿cuánto, -os, -as?

TIPP

Anota los verbos con cambio vocálico de este modo:

ich spreche
du sprichst
sie/er spricht

IDIOMAS

- Finnisch (das) – (el) finlandés
- Französisch (das) – (el) francés
- Italienisch (das) – (el) italiano
- Luxemburgisch (das) – (el) luxemburgués
- Niederländisch (das) – (el) neerlandés
- Polnisch (das) – (el) polaco
- Russisch (das) – (el) ruso
- Schwedisch (das) – (el) sueco
- Slowakisch (das) – (el) eslovaco
- Slowenisch (das) – (el) esloveno
- Spanisch (das) – (el) español
- Tschechisch (das) – (el) checo
- Ungarisch (das) – (el) húngaro
- Baskisch (das) – (el) euskera
- Katalanisch (das) – (el) catalán
- Galizisch (das) – (el) gallego

Glosario

LERNZIELE

dein/e	Ist das deine Frau?	tu (posesivo)
doch	Ist das nicht deine Frau? – Doch.	que sí (sí, no, que sí)
der Drehbuchausschnitt, -e	Lesen Sie den Drehbuchausschnitt.	la escena del guión
die Eltern (Pl.)	Das sind meine Eltern.	los padres
(das) Englisch	Ich spreche Englisch.	el inglés
die Familie, -n	Das ist meine Familie.	la familia
die Ja-/Nein-Frage, -n	„Ist das deine Frau?“ – Das ist eine Ja-/Nein-Frage.	la pregunta afirmativa / negativa
der Possessivartikel, -	Possessivartikel: mein, dein ...	el artículo posesivo
die Sprache, -n	Deutsch ist eine Sprache.	la lengua, el idioma
die Sprachkenntnisse (Pl.)	Ich habe gute Sprachkenntnisse.	los conocimientos de lenguas (Pl.)
der Vokalwechsel, -	Ein Verb mit Vokalwechsel ist „sprechen“: du sprichst, er/sie spricht	el cambio vocálico

GRAMMATIK UND KOMMUNIKATION

feminin	feminin: meine Schwester, deine Schwester	femenino
maskulin	maskulin: mein Bruder, dein Bruder	masculino

MODUL-PLUS LESEMAGAZIN

1

das Baby, -s	Das Baby ist meine Nichte Eliza.	el bebé
bald	Florian studiert, aber er ist bald fertig.	en breve, pronto
die Biochemie (Sg.)	Paco studiert Biochemie.	la bioquímica
fertig (sein)	Florian ist bald fertig und geht dann zurück nach Österreich.	(estar) listo, terminado
die Fotografie, -n	Mein Hobby ist Fotografie.	la fotografía
die Fremdsprache, -n	Florian spricht vier Fremdsprachen.	la lengua extranjera
gehen	Florian geht zurück nach Österreich.	ir
die Heimatstadt, ¨-e	Meine Heimatstadt ist Wien.	la ciudad natal
das Hobby, -s	Meine Hobbys sind Skaten und Fotografie.	el hobby
kochen	Kochen ist mein Hobby.	cocinar, cocer
korrigieren	Korrigieren Sie die Sätze.	corregir
das Lesemagazin, -e	Im Lesemagazin lesen Sie Texte.	la revista
die Nichte, -n	Eliza ist meine Nichte.	la sobrina
perfekt	Florian spricht perfekt Englisch.	perfecto
der Satz, ¨-e	Korrigieren Sie die Sätze.	la frase
singen	Wir singen ein Lied.	cantar
das Skaten	Pacos Hobby ist Skaten.	patinar (con patín de línea)

das Sternzeichen, -	Widder und Waage sind Sternzeichen.	el signo zodiacal
die USA	Miguel lebt in den USA.	(los) EE.UU.
die Waage, -n	Mein Sternzeichen ist Waage.	aquí: libra (astr.)
der Widder, -	Mein Sternzeichen ist Widder.	aquí: aries (astr.)
zurück·gehen	Mein Bruder geht bald nach Österreich zurück.	regresar
zurzeit	Nicole kommt aus Wien, zurzeit lebt sie aber in München.	de momento

MODUL-PLUS FILM-STATIONEN

1

auf Wiederschauen	In Österreich sagt man „auf Wiederschauen".	adiós (en Austria y sur de Alemania)
der Clip, -s	Wir sehen einen Film-Clip im Kurs.	el clip
der Film, -e	Sehen Sie den Film.	la película
die Film-Station, -en	drei Film-Clips, drei Film-Stationen	la secuencia de DVD
Grüezi (CH)	Grüezi, hallo, guten Tag!	buenos días (en Suiza)
Grüß Gott (A, D-Süd)	Grüß Gott. Ich heiße Tina.	buenos días/tardes/noches (en el sur de Alemania y Suiza)
Moin, moin (D-Nord)	Moin, moin, Heiner! – Moin.	buenos días (en el norte de Alemania)
sehen	Wir sehen einen Film im Kurs.	ver
Servus	„Servus" heißt „hallo" und „tschüs".	hola / adiós (en Austria y sur de Alemania)
Uf Wiederluege mitenand (CH)	„Uf Wiederluege mitenand" sagt man zum Abschied.	adiós (en Suiza)

2

die Reportage, -n	Sehen Sie die Reportage.	el reportaje

3

der Amerikaner, - / die Amerikanerin, -nen	Aileen ist Amerikanerin.	el / la americano/a (procedencia)
die Foto-Story, -s	Sehen Sie die Foto-Story.	fotorreportaje
hier	Meine Mutter lebt hier in Wien.	aquí
schon	Mein Vater ist alt, er ist schon 62.	ya

MODUL-PLUS PROJEKT LANDESKUNDE

1

am (+ Datum)	Sie ist am 1.6.1973 geboren.	el (+ fecha)
der Chemiefacharbeiter, - / die Chemiefacharbeiterin, -nen	Er ist Chemiefacharbeiter von Beruf.	el trabajador del sector químico
geboren sein	Heidi Klum ist in Bergisch Gladbach geboren.	nacido
die Landeskunde (Sg.)	Im Kurs lesen wir Informationen über Deutschland: Landeskunde.	cultura y civilización
der Manager, - / die Managerin, -nen	Er arbeitet als Manager.	gerente, manager
mehr: nicht mehr	Sie arbeitet nicht mehr.	más: no más
das Model, -s	Heidi Klum ist Model.	el modelo
der Moderator, -en / die Moderatorin, -nen	Sie arbeitet auch als Moderatorin.	el moderador la moderadora
moderieren	Sie moderiert eine Show.	moderar
das Projekt, -e	Wir machen ein Projekt im Kurs.	el proyecto
der Sänger, - / die Sängerin, -nen	Ich bin Sänger.	el / la cantante
seit	Seit 2005 sind sie verheiratet.	desde / desde hace
die Show, -s	Heidi Klum moderiert eine Show.	el espectáculo
von	Heidi Klum ist die Tochter von Erna und Günther Klum.	de

2

deutschsprachig	Wählen Sie eine Person aus den deutschsprachigen Ländern.	de habla alemana
das Ergebnis, -se	Präsentieren Sie Ihre Ergebnisse im Kurs.	el resultado
das Internet (Sg.)	Suchen Sie Informationen im Internet.	el internet
das Poster, -	Machen Sie ein Poster.	el póster
präsentieren	Präsentieren Sie das Poster.	presentar
der Prominente, -n	Heidi Klum ist eine Prominente.	el famoso
der Stammbaum, ¨-e	Zeichnen Sie einen Stammbaum.	el árbol genealógico
wählen	Wählen Sie eine bekannte Person aus Deutschland.	elegir
zu (etwas suchen zu)	Suchen Sie Informationen zu Familie und Beruf.	aquí: acerca de (buscar algo acerca de)

MODUL-PLUS AUSKLANG

1

der Ausklang, ¨-e	Am Ende ist der Ausklang.	aquí: el colofón

(die) Niederlande
(das) Belgien
(das) Luxemburg
(das) Frankreich
die Schweiz
(das) Liechtenstein
(das) Italien

(das) Dänemark
(das) Polen
(das) Tschechien
(das) Österreich
(die) Slowakei
(das) Ungarn
(das) Slowenien

2

der Buchstabe, -n	A, K, L sind Buchstaben.	la letra
erinnern (sich) an	Erinnern Sie sich an Sven Henkenjohann?	acordarse de, recordar a
erste	Erinnern Sie sich an die Personen in den ersten Lektionen?	primera
die Lektion, -en	Wir machen jetzt bald Lektion 4.	la lección
die Lösung, -en	Wie heißt die Stadt? Die Lösung ist …	la solución
der Mensch, -en	Wer sind die Menschen in „Menschen“?	el hombre, el ser humano
der Nachname, -n	Henkenjohann ist ein Nachname.	el apellido
passend	Suchen Sie die passenden Buchstaben.	adecuado, apropiado, a juego

3

der Ländername, -n	Ergänzen Sie die Ländernamen auf der Karte.	el nombre del país

Lección 1: Hallo! Ich bin Nicole ...

Lo que vas a aprender: *presentarte y presentar a otros. Indicar procedencia.*

El verbo en presente

__Ich bin__ Nicole und wer __bist du__? — *Soy Nicole y tú, ¿quién eres?*
__Ich heiße__ Paco und wie __heißt du__? — *Me llamo Paco y tú, ¿cómo te llamas?*

bin / bist y *heiße / heißt* son formas de los verbos *sein* y *heißen*. Ambos verbos se usan para presentarse. En un entorno de confianza y poco formal nos presentamos con el nombre de pila y nos hablamos de *du* (tú).

Mein Name ist Lena Wachter und wie __heißen Sie__? — *Mi nombre es Lena Wachter y ¿cómo se llama usted?*
Ich komme aus Spanien und woher __kommen Sie__? — *Soy de España y ¿de dónde es usted?*

En un entorno más formal nos presentamos con nombre y apellido, y nos hablamos de *Sie* (usted).

- ■ *Wer ist das?* — ■ *¿Quién es? / ¿Quiénes son?*
- ● ***Das ist** Susana.* — ● *Te / Le presento a Susana. (Ésta es Susana.)*
- ▲ ***Das ist** Herr Sánchez.* — ▲ *Te / Le presento al Señor Sánchez. (Éste es ...)*

Para presentar a otras personas usamos la fórmula *Das ist ...* independientemente de si la persona es hombre o mujer.
La pregunta correspondiente es *Wer ist das?* Con ella se puede hacer referencia tanto a una persona como a varias. (En caso de presentar a más de una persona, la respuesta sería: *Das sind Susana und Paco.*)

Como se puede ver, el verbo en alemán va siempre acompañado del sujeto que está representado por un nombre (*mein Name*) o un pronombre (*ich, du, Sie ...*).
Así que no se puede decir:
~~*Bin Susana*~~. – ~~*Komme aus Mexiko*~~.
sino: *Ich bin Susana. – Ich komme aus Mexiko.*

La conjugación en presente del singular

		verbo regular			
infinitivo		komm**en**	heiß**en**		sei**n**
1ª persona	**ich**	komm**e**	heiße	**-e**	bin
2ª persona	**du**	kommst	heißt	**-st**	bist
3ª persona	**er/sie**	kommt	heißt	**-t**	ist
forma de cortesía	**Sie**	kommen	heißen	**-en**	sind

Explicaciones gramaticales

Al igual que en español, en alemán hay verbos regulares e irregulares. En ambos grupos, el infinitivo termina en *-en* o *n*. El infinitivo suele coincidir con la forma de cortesía (*Sie kommen, Sie heißen*). Recuerda que el pronombre que la acompaña, *Sie*, se escribe siempre con mayúscula.

Cuando la raíz de un verbo (= infinitivo sin terminación) termina en -s, *-ß* o -z, la desinencia de la 2ª persona es -t en vez de -st (*du heißt*).

La preposición aus

■ ***Woher** kommen Sie?*	■ *¿De dónde es usted?*
▲ *Ich komme **aus** Spanien / Katalonien.*	▲ *De España. / De Cataluña.*
● ***Aus der** Schweiz. / Aus der Rioja.*	● *De Suiza. / De La Rioja.*
◆ ***Aus dem** Baskenland.*	◆ *Del País Vasco.*
● ***Aus den** USA.*	● *De los EE.UU.*

La preposición *aus* responde a la pregunta *woher?* y expresa procedencia. Algunos nombres de países o de regiones van acompañados de un artículo. De momento es recomendable aprender estas procedencias como giros fijos.

Las W-Fragen

■ ***Wie** heißen Sie?* ▲ *Mein Name ist …*	■ *¿Cómo se llama?* ▲ *Mi nombre es …*
■ ***Wie** geht es Ihnen?* ▲ *Gut, danke.*	■ *¿Cómo está? / ¿Cómo le va?* ▲ *Bien, gracias.*
■ ***Woher** kommt er?* ▲ *Er kommt aus …*	■ *¿De dónde es?* ▲ *Es de …*

Con *wer?* se pregunta por personas.
Con *wie?* se pregunta por circunstancias, atributos o cualidades.
Con *woher?* se pregunta por el origen o la procedencia.

Como todos estos interrogativos empiezan con *W-*, se les ha dado el nombre de *W-Fragen* a las preguntas que introducen.

El orden de las palabras en la oración

		2ª posición	
oración enunciativa	Ich	**heiße**	Nicole.
	Mein Name	**ist**	Wachter.
pregunta abierta	Wie	**heißen**	Sie?
	Wer	**ist**	das?
		verbo conjugado	

Tanto en la oración enunciativa como en la pregunta con interrogativo, el verbo conjugado ocupa la 2ª posición de la oración. La colocación del verbo conjugado en 2ª posición es un rasgo típico del alemán.

Lección 2: Ich bin Journalistin.

Lo que vas a aprender: *hablar de tu situación profesional y personal.*

El verbo en presente

- *Wo **arbeitest** du?* — *¿Dónde trabajas?*
- *Ich **mache** ein Praktikum. Sie **hat** einen Job als Kellnerin.* — *Yo estoy haciendo unas prácticas. Ella está trabajando de camarera.*

En alemán, las formas del presente hacen referencia tanto a situaciones duraderas como a situaciones momentáneas. No existe una forma equivalente al gerundio español.

La conjugación en singular y plural

		verbo regular				
		machen	**haben**	**arbeiten**		**sein**
singular	**ich**	mache	habe	arbeite	**-e**	bin
	du	machst	hast	arbeitest	**-st**	bist
	er/sie	macht	hat	arbeitet	**-t**	ist
plural	**wir**	machen	haben	arbeiten	**-en**	sind
	ihr	macht	habt	arbeitet	**-t**	seid
	sie/Sie	machen	haben	arbeiten	**-en**	sind

Otros verbos regulares que se conjugan como *machen: leben, studieren*.

El verbo *haben* presenta una pequeña irregularidad en la 2ª y 3ª persona del singular porque pierde la letra *-b-* de la raíz.

Cuando la raíz de un verbo termina en *-d* o *-t*, en algunas formas se intercala una *-e-* entre la raíz y la terminación (*arbeit-e-st*) por razones fonéticas. Al igual que la forma de cortesía, también la 1ª y la 3ª persona del plural coinciden con el infinitivo. La forma de cortesía se utiliza tanto para el singular como para el plural.

Las preposiciones bei, als, in

*Ich arbeite **als** IT-Spezialist.*	*Yo trabajo de informático.*
*Antonia arbeitet **bei** X-Media.*	*Antonia trabaja en X-Media.*
*Wir leben **in** Barcelona.*	*Vivimos en Barcelona.*

Tanto *bei* como *in* indican un lugar. *Bei* se usa con nombres de personas o empresas, *in* se usa con ciudades o países. Ambas responden a la pregunta *wo? als* es una preposición modal que acompaña al verbo *arbeiten* (→ *arbeiten als* + profesión).

Explicaciones gramaticales

La negación con nicht

Wir wohnen **nicht** *in Madrid.*	*No vivimos en Madrid.*
Wir leben **nicht** *zusammen.*	*No vivimos juntos.*
Ich arbeite **nicht**, *ich studiere.*	*Estudio, no trabajo.*
Ich arbeite heute **nicht**.	*(Hoy) no trabajo.*

Con *nicht* se niega una oración entera o partes de una oración. La negación *nicht* se coloca detrás del verbo y no delante, como en español. Pero puede haber otros elementos entre verbo y negación.

Los números hasta 20

- ■ *Wie alt seid ihr?*
- ● **Ich** *bin* **achtzehn** *Jahre alt und er ist* **einundzwanzig**.

- ■ *¿Cuántos años tenéis?*
- ● *Yo tengo dieciocho años y él tiene veintiuno.*

1 eins	11 elf	6 sechs	16 sechzehn
2 zwei	12 zwölf	7 sieben	17 siebzehn
3 drei	13 dreizehn	8 acht	18 achtzehn
4 vier	14 vierzehn	9 neun	19 neunzehn
5 fünf	15 fünfzehn	10 zehn	20 zwanzig

Los números entre *dreizehn* y *neunzehn* se combinan con el número *zehn*. A diferencia del español, en alemán se coloca primero la unidad y después la decena.

Por razones de pronunciación se pierde la *-s-* de la unidad *sechs* en el número *sechzehn* y la sílaba *-en* de la unidad *sieben* en el número *siebzehn*. Solamente los números *elf*, *zwölf* y *zwanzig* son irregulares.

Los números a partir de 20

20 zwanzig *30 dreißig* *40 vierzig* *50 fünfzig*
Las decenas a partir de 20 terminan en *-zig*, en el caso de *dreißig* en *-ßig*.

21 einundzwanzig *54 vierundfünfzig* *99 neunundneunzig*
A partir del número 20, las unidades y decenas se combinan con *und*.

Más interrogativos

- ■ **Wo** *wohnt ihr?* ▲ *Wir wohnen in ...*
- ■ **Was** *machen Sie beruflich?* ▲ *Ich bin ...*
- ■ **Wie alt** *bist du?* ▲ *35.*

- ■ *¿Dónde vivís?* ▲ *Vivimos en ...*
- ■ *¿En qué trabaja?* ▲ *Soy ... / Trabajo de ....*
- ■ *¿Cuántos años tienes?* ▲ *35.*

Con *wo?* se pregunta por un lugar.
Con *was?* se pregunta por cosas y circunstancias.
El interrogativo *wie?* se puede combinar con adjetivos, en este caso *alt* (= viejo). Con *wie alt ...?* se pregunta por la edad. Recuerda que el verbo correspondiente es *sein*, no *haben*.

La formación de palabras: nombres terminandos en -in

Jordi ist Journalist / Arzt. — *Jordi es periodista / médico.*
*Arantxa ist Journalist**in**. / Ärzt**in**.* — *Arantxa es periodista / médica.*

De las palabras que indican profesiones suele haber una forma masculina y otra femenina. Para obtener la forma femenina, en la mayoría de los casos sólo hay que añadir la sílaba *-in* a la forma masculina. En palabras cortas, la sílaba *-in* puede provocar una variación en la vocal tónica: ***A**rzt* → ***Ä**rztin*.

En algunas profesiones existen palabras específicas:
Krankenschwester (enfermera) – *Krankenpfleger* (enfermero)
Hausfrau (ama de casa) – *Hausmann* (amo de casa)

Lección 3: Das ist meine Mutter.

Lo que vas a aprender: *hablar de la familia y de conocimientos de idiomas.*

Los verbos con cambio de vocal (e-i): sprechen

- *Welche Sprachen **sprichst du**?* — *¿Qué idiomas hablas?*
- ***Ich spreche** Spanisch, Englisch und ein bisschen Deutsch.* — *Hablo español, inglés y un poco de alemán.*

La conjugación

		sprechen
singular	ich	sprech**e**
	du	spr**i**ch**st**
	er/sie	spr**i**ch**t**
plural	wir	sprech**en**
	ihr	sprech**t**
	sie/Sie	sprech**en**

En alemán hay una serie de verbos que presentan un cambio de vocal (e → i) en la 2ª y 3ª persona del singular. Uno de ellos es *sprechen*.

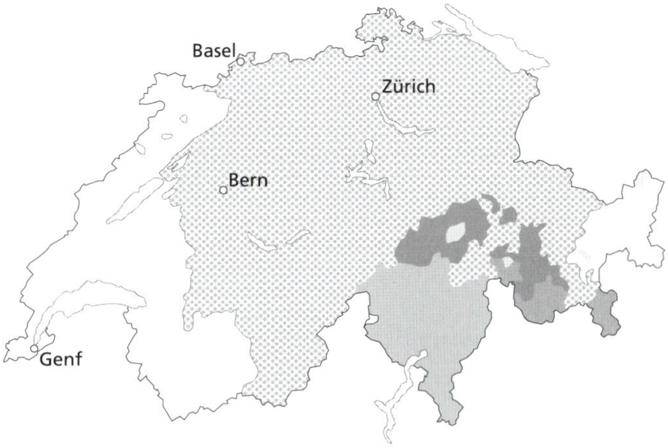

Explicaciones gramaticales

El determinante posesivo

■ *Sind das deine Freunde?*
● *Nein, das sind **meine** Geschwister: **Mein** Bruder heißt Vicente und **meine** Schwester heißt Isabel.*

■ *¿Son tus amigos?*
● *No, son mis hermanos: mi hermano se llama Vicente y mi hermana se llama Isabel.*

En español, el determinante posesivo tiene una forma para el singular y otra para el plural. En alemán se diferencia además entre masculino y femenino.

	masculino	femenino	plural
ich	**mein** Bruder	**meine** Schwester	**meine** Geschwister
du	**dein** Bruder	**deine** Schwester	**deine** Geschwister

Como se ve en la tabla, la forma del plural coincide con la del femenino, ambas terminan en *-e*.

Ja – Nein – Doch

■ *Wohnst du in Barcelona?*
● ***Ja**, ich wohne in Barcelona. /*
▲ ***Nein**, ich wohne in Castellón.*

■ *Wohnt ihr nicht zusammen?*
● *Doch, wir wohnen zusammen.*

■ *¿Vives en Barcelona?*
● *Sí, vivo en Barcelona. /*
▲ *No, vivo en Castellón.*

■ *¿No vivís juntos?*
● *Sí, vivimos juntos.*

Para afirmar una pregunta, en alemán se contesta con *Ja* y para negarla se contesta con *Nein*. Para afirmar una pregunta negativa se contesta con *Doch*.

En el lenguaje cotidiano, en vez de *nein* muchas veces se usan las formas dialectales *nee* o *nö*.

El orden de las palabras en la oración

		2ª posición	
oración enunciativa	Mein Großvater	**heißt**	Antonio.
pregunta con interrogativo	Wo	**wohnen**	Sie?
pregunta abierta		**Sprichst**	du Deutsch?
		verbo conjugado	

Explicaciones gramaticales

Ya hemos visto anteriormente que el verbo ocupa la 2ª posición en la oración. Delante de él se colocan el sujeto (*mein Großvater*) o un interrogativo (*wie*). En la pregunta abierta (*Ja-/Nein-Frage*), el sujeto se coloca detrás del verbo, dejando la primera posición libre.

A veces, en una pregunta negativa se usa el mismo orden de palabras que en una oración enunciativa. En vez de *Wohnt ihr nicht zusammen?* se dice: *Ihr wohnt nicht zusammen?*, indicando con el tono de voz que se trata de una pregunta.

La formación de palabras: idiomas que terminan en -isch

- *Sprechen Sie Französisch?*
- *Ja, und auch ein bisschen Italienisch.*

- *¿Habla francés?*
- *Sí, y también un poco de italiano.*

En alemán, las palabras que indican idiomas suelen terminar en *-isch*.
Englisch, Französisch, Italienisch, ... Pero: Deutsch.

País / Región	**Idioma**	**País / Región**	**Idioma**
Spanien	*Spanisch*	*Katalonien*	*Katalanisch*
Baskenland	*Baskisch*	*Valencia*	*Valencianisch*
Galicien	*Galicisch*	...	

Fonética

Lección 1: La entonación de la frase

1. *Wie heißt du?* ↘
2. *Ich heiße Paco.* ↘
3. *Und wer bist du?* ↗

La oración enunciativa alemana tiene una melodía descendente, como la española (2). La oración interrogativa parcial es también descendente como en español (1). Pero: en alemán se hace ascendente si es la devolución cortés de la misma pregunta recibida (3). (En español se hace ascendente siempre que se quiere quitar el matiz imperativo a la pregunta.)

Lección 2: El acento de la palabra

Arzt – Lehrer – Schauspieler – Student

A los que aprenden alemán suele llamarles la atención la longitud de muchas palabras alemanas. Lo que sucede es que en alemán hay muchas palabras compuestas, pero en realidad las palabras simples rara vez tienen más de dos sílabas.

Una palabra de una sílaba lleva el acento en su única sílaba, como es natural. Las palabras de dos sílabas llevan casi siempre el acento en la primera.

Quizá porque hay pocas palabras que se aparten de la norma y porque suelen ser reconocibles como de origen extranjero, el alemán no ha desarrollado un sistema de acentos escritos como el español.

Truco: los hispanohablantes lo tienen fácil porque muchas de esas palabras son de origen latino-romance o griego y entonces suelen llevar el acento en la misma sílaba que el español. P. ej. *Student* tiene el acento como el español *estudiante*.

Lección 3: La entonación en las preguntas

Wer ist das? ↘
Ist das deine Frau? ↗

Ya vimos que la oración interrogativa parcial alemana, (los así llamados *W-Fragen*) tiene una melodía descendente, igual que la española. La interrogativa total (*Ja-/Nein-Frage*) tiene en alemán y en español una melodía ascendente.

Presentar/se

Ya vimos algunas de las formas del saludo y de la presentación en la parte gramatical. Cuando saludamos a una persona se suele dar la mano tanto en ocasiones más bien oficiales como en ámbitos privados. Sólo entre familiares y amigos se saluda con uno o dos besos en la mejilla o con un abrazo.

Para presentarse uno mismo son habituales las siguientes expresiones:

Ich heiße Jesús García.	*Me llamo…*
Ich bin Miguel Hernández.	*Yo soy...*
Ich bin Herr Ayuso.	*Yo soy el Sr. ... (menos frecuente)*
Mein Name ist Andreu Castell.	*Mi nombre es...*
Mein Name ist Carrascal.	*Mi nombre es...*

También se puede simplemente decir el nombre: *Ortega, Pfeiffer, ...*

La denominación *Frau* o *Herr* no se suele combinar con el verbo *heißen*:
~~*Ich heiße Frau Marcos.*~~

Entre amigos se suele uno presentar de la siguiente manera:

Ich bin Pedro.	*Yo soy...*
Ich heiße María Jesús.	*Me llamo...*

...O simplemente se dice el nombre. En estas situaciones más familiares no se utilizaría la fórmula: *Mein Name ist ...*

Para preguntar por el nombre de alguien en ámbitos más bien formales se usa:

Wie heißen Sie?	*¿Cómo se llama usted?*
Wie ist Ihr Name?	*¿Cuál es su nombre?*
Wer sind Sie?	*¿Quién es usted? (menos utilizado en castellano)*

Y entre gente joven o al dirigirse a un niño son muy frecuentes:

Wie heißt du?	*¿Cómo te llamas?*
Wer bist du?	*¿Quién eres?*

Cuando presentamos a otras personas podemos decir:
Das ist Frau ... (Ésta es la Sra. ...).
En alemán, no se suele utilizar el artículo en ámbitos más bien formales. Pero sí se usa cada vez más en los círculos de amistades:

Das ist die Inma/der Pedro. *Ésta es (la) Inma/(el) Pedro.*

Notas culturales

¿De usted o de tú?

En caso de duda, la forma más apropiada de dirigirse a otra persona en los países de habla alemana es *Sie* (usted/ustedes). Se suele tratar de usted en el círculo profesional, incluso entre compañeros de profesión que se conocen desde hace muchos años, considerándose el uso de *Sie* como una forma de guardar respeto y en ocasiones acatar la jerarquía de la otra persona. Hoy en día, sin embargo, la generación joven tiende a tutearse más, también en el ámbito laboral.

Saludar...

Hasta las 10/11 horas de la mañana se utiliza el saludo *Guten Morgen!* o su forma abreviada *Morgen!* Después, hasta las 18 horas aproximadamente, se oye *Guten Tag!* o *Tag!* En el sur de Alemania y Austria también se utiliza mucho *Grüß Gott!* (Dios te saluda) y en Suiza el equivalente *Grüezi!* Ambos se utilizan también durante el día.
A partir de esa hora, se desea *Guten Abend!* o, de forma más coloquial, *N' Abend!* Sólo cuando uno se despide por la noche para retirarse a dormir se debe emplear *Gute Nacht!* o *Nacht!*, mientras que en castellano se puede usar también "Buenas noches" como saludo inicial.

...y despedirse

En situaciones de trabajo o más formales, *Auf Wiedersehen* (Hasta la vista) es la fórmula más usada para despedirse y suena a menudo como *Wiedersehn*. Menos formal es *Tschüs(s)* que tiene raíces comunes con el español "adiós" y con el francés *Adieu*. Muy frecuente hoy en día en los países de habla alemana es el italiano *Ciao*.
En el sur de Alemania, al igual que en Austria, se oye mucho *Servus*. En Austria, también es muy usado el *Baba*, quizá una forma que proviene del inglés *Bye-Bye*. En Suiza, la despedida más formal sería *Auf Wiederluege*.

Al teléfono

El saludo inicial al teléfono es generalmente el nombre propio (nombre y apellido o sólo apellido) con entonación ascendente: „*Gerhard Schroeder*" o „*Hier Merkel*". En la despedida, en vez de *Auf Wiedersehen* (Hasta la vista) se usa de forma más habitual *Auf Wiederhören* (hasta que nos volvamos a oír) aunque también se puede utilizar *Auf Wiedersehen*.

En la cuna de los medios de masa – Johannes Gutenberg

Uno de los momentos decisivos en el paso de la Edad Media hacia lo que hoy denominamos la Era Moderna, sería impensable sin el invento de la imprenta. En pocas décadas permitió que gran parte de la población pudiera tener acceso a una alfabetización y una mayor educación. Se revolucionó la educación primaria para niños y niñas, y los estudiantes pudieron comprar los primeros libros de texto. Permitió la difusión no sólo de la letra sino también de la imagen en masa. El autor de este invento fue **Johannes Gutenberg** de *Mainz* (Maguncia) que nació en el cambio del siglo XIV al XV. Sus diferentes inventos son considerados tan importantes para el desarrollo de la humanidad que recientmente fue nombrado *Hombre del Milenio* por un grupo de investigadores americanos, y el filósofo alemán Lichtenberg, del siglo XVIII, dijo que *"Más que el oro, el plomo ha cambiado al mundo y más que el plomo del fusil, el plomo de la caja de imprenta"*.

Antes de aparecer sus inventos ya se imprimía gracias a la técnica de la xilografía (una técnica del siglo XIV con plancha de madera), pero con tiradas muy pequeñas.

El invento de Gutenberg es tan genial como simple: dividió el texto en sus partículas más pequeñas, es decir en las 26 letras del alfabeto latino. En su esencia, fue un instrumento que permitió fundir una letra tras configurarla primero con acero. La punta se grabó en cobre, un metal más blando. Luego en esta concavidad se vertió una mezcla de plomo, estaño, antimonio, cobre y hierro.

Este sistema permitió cambiar las letras y símbolos móviles con relativa rapidez. Inicialmente eran 290 signos diferentes: 47 letras mayúsculas, 63 minúsculas, 92 abreviaturas, 83 combinaciones de letras y 5 tipos de comas.

Además del moldeado de las letras metálicas con un novedoso dispositivo, Gutenberg también inventó el cajón de imprenta para la conservación de las letras y por último un sistema de colocación en una caja tipográfica. Las letras más frecuentes estaban en el centro para estar más a mano y facilitar la labor al impresor.

Los libros impresos de este modo seguían siendo laboriosos si comparamos el largo proceso de creación de aquel entonces con nuestra producción industrial. Para que seis tipógrafos diferentes pudieran trabajar paralelamente en una de las biblias que se elaboraron, hubo que fundir 100 000 letras, lo cual duró más de medio año. Para la propria maquetación de las 1 282 páginas de una biblia, se tardaron dos años. La impresión exigía la labor de doce personas para trabajar con diferentes tintas, los pliegos, etc., de modo que para esta fase se tardarían otros dos años más. Además, en cada página se dejó espacio suficiente para adornar a mano iniciales y otros ornamentos en color.

Con anterioridad a la imprenta, una persona había tardado tres años en copiar una biblia y ahora se podían producir 180 ejemplares a la vez y reducir hasta treinta veces los costes de producción. En todo el mundo se conservan 49 Biblias Gutenberg, cada una de ellas es un ejemplar único, pues ninguna se parece en su ornamentación.

La invención de la imprenta industrial no sólo permitió la rápida proliferación de otros productos impresos, como los juegos de naipes y también las estampillas de santos. Además, ante la invasión otomana y el miedo entre la población ante su incursión en el oeste de Europa, proliferó una producción masiva de cartas de indulgencia. Estos y otros productos de papel se hicieron pronto muy importantes para la creciente y fructífera industria de la imprenta. En torno al año 1 500 había ya en Europa 260 imprentas y se habían publicado 40 000 libros con aproximadamente 6 millones de tiradas.

En la época de la reforma protestante la imprenta tomaría un nuevo impulso. De hecho, el enorme éxito de la reforma se debió sobre todo a la imprenta y a la rápida difusión de sus textos reformistas. Los textos de Lutero se propagaron de forma insospechada. En su mayoría se trataba de multitud de panfletos y octavillas ilustradas que divulgaban sus enseñanzas en los países alemanes. En 1522 se hizo una primera edición de la traducción del Nuevo Testamento de Lutero al alemán con una tirada de 5 000 ejemplares, y en tan solo tres meses fue necesario hacer una nueva. Hasta la muerte de Lutero en 1546 se alcanzaron los 100 000 ejemplares impresos de la Biblia. Se estima que la impresión de los textos de Lutero durante todo el siglo XVI supuso casi un tercio del total de las publicaciones.

Con todo ello se produjo un efecto colateral muy positivo, la alfabetización general de la población; es más, hubo una verdadera revolución en materia educativa. De esta manera se despertó un "hambre general" por la lectura en la población. Otra consecuencia significativa de la masiva propagación de los escritos luteranos fue que se unificó el alemán escrito, lo que acabó convirtiéndose en el origen del alemán moderno de hoy en día.

Es fascinante pensar que el medio del libro haya sobrevivido seis siglos sin prácticamente alterar su forma básica. Y en honor al libro hemos comenzado la sección de las biografías con este inventor alemán.

Lección 4: Der Tisch ist schön!

1

zeigen	Zeigen Sie die Möbel auf dem Foto.	indicar

2

groß	Der Tisch ist zu groß.	grande
klein	Das Bett ist zu klein.	pequeño
modern	Die Lampe ist modern.	moderno
praktisch	Der Tisch ist praktisch.	práctico
schlecht	Das Bett ist nicht schlecht.	mal, malo
zu	Der Tisch ist zu groß.	aquí: demasiado

BILDLEXIKON

3

aber (Modalpartikel)	Das ist aber teuer!	aquí: ¡pero qué…! (partícula modal enfática)
billig	119 Euro? Das ist billig.	barato
brauchen	Brauchen Sie Hilfe?	necesitar
der Designer, -	Der Designer heißt Enzo Carotti.	el diseñador
der Euro, -s	Der Tisch kostet 1478 Euro.	el euro (€)
günstig	Die Lampe ist sehr günstig.	asequible
nur	Sie kostet nur 119 Euro.	solamente, sólo
ordnen	Ordnen Sie die Sätze.	ordenar
passen	Was passt?	adecuarse, ir bien, encajar
das Sonderangebot, -e	Die Lampe ist ein Sonderangebot.	la oferta especial
teuer	1478 Euro? Das ist aber teuer!	caro
wirklich	Die Lampe ist wirklich sehr schön.	de verdad, realmente

4

der Artikeltanz, ¨-e	Artikeltanz: Hören Sie die Nomen und tanzen Sie.	el baile de los artículos
das Nomen, -	Hören Sie die Nomen und tanzen Sie.	el sustantivo

tanzen	Tanzen Sie!	bailar

TIPP Anota las palabras junto con el artículo y "su" color.

5

die Zahlen-schlange, -n	Ergänzen Sie die Zahlenschlange.	la cola / la serpiente de números
die Million, -en	eine Million in Zahlen: 1 000 000	el millón

6

der Cent, -s	100 Cent sind 1 Euro.	el céntimo
das Möbelhaus, ¨-er	Sie haben ein Möbelhaus.	el almacén comercial de muebles

7

das Puzzle, -s	Setzen Sie das Puzzle zusammen.	el rompecabezas, el puzle
zusammen·setzen	Setzen Sie das Puzzle zusammen.	componer, montar

8

lang	Das Bett ist zu lang.	largo
leicht (einfach)	Die Aufgabe ist leicht.	fácil, sencillo
das Problem, -e	Was ist das Problem?	el problema
schwer	Die Aufgabe ist zu schwer.	difícil, pesado

9

hässlich	Ich finde Zimmer A hässlich.	feo
das Hotelzimmer, -	Wie finden Sie die Hotelzimmer?	la habitación de hotel
nicht mehr	Der Schrank ist nicht mehr modern.	no… más
das Zimmer, -	Ich finde Zimmer A schön.	la habitación

10

der Kaffee, -s	Kaffee? – Nein, danke.	el café
machen	Das macht dann 9 Euro 95.	hacer
die Muttersprache, -n	Übersetzen Sie in Ihre Muttersprache.	la lengua materna
übersetzen	Übersetzen Sie die Gespräche.	traducir
vielen Dank	Vielen Dank! – Bitte.	muchas gracias

LERNZIELE

das Adjektiv, -e	Adjektive: schön, groß, modern	el adjetivo
an·bieten	Hilfe anbieten: Brauchen Sie Hilfe?	ofrecer, ofertar

das Beratungsgespräch, -e	Beratungsgespräch: Brauchen Sie Hilfe? – Ja, bitte.	aquí: el asesoramiento
bewerten	Bewerten Sie den Tisch! – Er ist schön.	valorar
der definite Artikel, -	• der, • das, • die	el artículo determinado
denn (Modalpartikel)	Wie viel kostet denn der Tisch?	¿y entonces…? (partícula modal)
es	das Bett: Es kostet …	él/la/lo (pronombre personal neutro)
kosten	Wie viel kostet das Bett?	costar
die Möbel (Pl.)	Wie heißen die Möbel auf Deutsch?	los muebles (Pl)
nennen	Nennen Sie die Wörter auf Deutsch.	nombrar
das Personalpronomen, -	• er, • es, • sie	el pronombre personal
der Preis, -e	Fragen Sie nach dem Preis.	el precio
schön	Das finde ich schön.	bonito, lindo

GRAMMATIK & KOMMUNIKATION

neutral	neutral: • das Bett, • das Bild, …	neutro
der Nominativ, -e	Nominativ Singular: • maskulin (der Tisch), • neutral (das Bett), • feminin (die Lampe)	el nominativo

Lección 5: Was ist das? – Das ist ein F.

1

der Augenarzt, ¨-e	Frau Paulig ist beim Augenarzt.	el oculista

BILDLEXIKON

der Bleistift, -e	Was kostet der Bleistift?	el lápiz
die Brille, -n	Die Brille ist rot.	las gafas
das Buch, ¨-er	Wie heißt das Buch?	el libro
das Feuerzeug, -e	Das ist ein Feuerzeug.	el encendedor
die Flasche, -n	Und das ist eine Flasche. Sie ist grün.	la botella
der Fotoapparat, -e	Was ist das? – Ein Fotoapparat.	la cámara de fotos
die Kette, -n	Das ist eine Kette.	el collar
der Kugelschreiber, -	Was kostet der Kugelschreiber?	el bolígrafo
der Schlüssel, -	Der Schlüssel ist aus Metall.	la llave
die Tasche, -n	Die Tasche ist blau.	el bolso

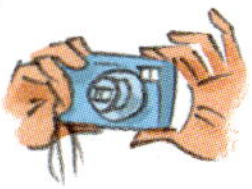

COLORES

blau	azul	orange	naranja
braun	marrón	rot	rojo
(dunkel-)grün	verde oscuro	schwarz	negro
gelb	amarillo	weiß	blanco
grün	verde		

2

an (lokal)	Zeichnen Sie Gegenstände an die Tafel.	en (lugar)
der Comic, -s	Lesen Sie den Comic.	el cómic
die Tafel, -n	Schreiben Sie an die Tafel.	la pizarra
wie (so wie)	Spielen Sie wie im Comic.	como (así… como)

3

aus	Die Brille ist aus Kunststoff.	de
bekommen	Sie bekommen das Modell in drei verschiedenen Farben.	obtener, recibir
das Brillenmodell, -e	Optik Eicher hat mehr als 2 000 Brillenmodelle.	el modelo de gafas
die Designer-Brille, -n	Unsere Frühjahrs-Aktion: Designer-Brillen zu Super-Preisen.	la gafa de diseño
das Designer-Modell, -e	Das Designer-Modell „1-4-you" ist aus Kunststoff.	el modelo de diseño
eckig	Eckig ist modern! □	cuadrado
elegant	Unsere Brillen sind sehr elegant.	elegante
extrem	Die Brille „ECO7" ist extrem sportlich.	extremadamente
die Frühjahrs-Aktion, -en	Unsere Frühjahrs-Aktion: günstige Brillen.	la promoción de primavera
das Frühlings-Angebot, -e	Das Optik-Eicher-Frühlings-Angebot: nur 179 Euro.	la oferta de primavera
für	Optik Eicher hat viele Brillenmodelle für Sie auf Lager.	para
der Gegenstand, ¨-e	Zeichnen Sie Gegenstände aus dem Bildlexikon.	el objeto
das Gestell, -e	Das Gestell ist rund.	la montura
das Glas , ¨-er	Flaschen sind aus Glas.	el cristal
das Holz, ¨-er	Der Tisch ist aus Holz.	la madera
immer	Wir haben immer viele Brillenmodelle auf Lager.	siempre
der Klassiker, -	Sie ist ein Klassiker unter den Designer-Brillen.	el clásico
die Kombination, -en	Sie bekommen die Brille in der Kombination braun-orange.	la combinación
der Kunststoff, -e	Das Designer-Modell ist aus Kunststoff.	aquí: pasta (en referencia a gafas)

das Lager, -	Optik Eicher hat viele Brillenmodelle auf Lager.	el almacén
leicht (Gewicht)	Eine Brille aus Kunstoff ist sehr leicht.	ligero (peso)
mehr als	Optik Eicher hat mehr als 2 000 Brillenmodelle für Sie.	más de
das Metall, -e	Die Brille von Elisabetta Caratti ist aus Metall.	el metal
modisch	Wir verkaufen die Brille in sechs modischen Farben.	de moda
ob	Ob aus Kunststoff oder Metall: alle Brillen nur 179 Euro.	si, aquí: sea
ohne	Die Brille kostet 129 Euro ohne Gläser.	sin
die Optik (Sg.)	Optik Eicher hat eine Frühjahrs-Aktion.	la óptica
das Papier, -e	Papier ist ein Material.	el papel
das Plastik (Sg.)	Flaschen sind aus Glas oder Plastik.	el plástico
rund	Die Brille ist rund. ◯	redondo
sportlich	Das Brillenmodell ist extrem sportlich.	deportivo
die Super-Brille, -n	Wir haben Super-Brillen zum Super-Preis.	las supergafas
der Super-Preis, -e	Wir haben Super-Brillen zum Super-Preis.	el superprecio
die Top-Designerin, -nen	Elisabetta Caratti ist eine Top-Designerin.	la superdiseñadora
unser	Unser Super-Preis: 129 Euro.	nuestro
verkaufen	Wir verkaufen alle Brillen extrem günstig.	vender
verschiedene	Sie bekommen die Brille in verschiedenen Farben.	diferentes
zusammen·gehören	Was gehört zusammen?	hacer juego

TIPP Acompaña unas illustraciones a tus palabras nuevas.

5

am meisten	Wer bietet am meisten?	el, la, lo que más
die Auktion, -en	Spielen Sie die Auktion.	la subasta
die Beschreibung, -en	Beschreibung: Designer-Tasche …	la descripción
bieten	Beschreiben Sie Ihr Produkt, die anderen bieten.	ofrecer, ofertar
die Designer-Tasche, -n	Hier: eine Designer-Tasche von Mark Mitschki …	el bolso / la bolsa de diseño
die Eigenschaft, -en	Eigenschaften: schön, modern, …	la característica
das Etikett, -e	Zustand: neu – mit (Preis-)Etikett!	la etiqueta
exklusiv	Die Tasche ist exklusiv aus Paris.	exclusivo
die Kurs-Auktion, -en	Machen Sie eine Kurs-Auktion.	la subasta en el curso
der Kursraum, ¨-e	Wählen Sie im Kursraum einen Gegenstand.	el aula
die Marke, -n	Die Marke? Mark Mitschki.	la marca

möchten	Was möchten Sie versteigern?	gustaría, aquí: quisiera, querría
neu	Die Tasche ist neu.	nuevo
das Produkt, -e	Beschreiben Sie das Produkt.	el producto
das Produktmerkmal, -e	Produktmerkmale: Kette, aus Plastik, modern, ...	la característica del producto
der Startpreis, -e	Der Startpreis ist nur 1 Euro.	el precio de salida
versteigern	Was möchten Sie versteigern?	subastar
wichtig	Notieren Sie wichtige Informationen.	importante
der Zustand (Sg.)	Zustand: neu	aquí: el estado (de un material)

6

alle	man = jeder/alle	todos
bitte schön	Danke. – Bitte schön.	aquí: de nada
die Entschuldigung, -en	Entschuldigung, wie heißt das auf Deutsch?	aquí: ¡perdón!
jeder	man = jeder/alle	cada
man	Wie schreibt man „Uhr“?	se (impersonal)
das Pronomen, -	Markieren Sie das Pronomen.	el pronombre personal
die Uhr, -en	Die Uhr ist braun.	el reloj

7

die Adresse, -n	Die Adresse von Markus Bäuerlein ist: Bismarckstraße 18, 53113 Bonn.	la dirección
die Anrede (Sg.)	Anrede: Frau Paulig.	el trato (de tú o usted)
bestellen	Welche Uhr möchten Sie bestellen?	encargar
die Bestellnummer, -n	Die Bestellnummer ist 08-242.	el número de pedido
die Bestellung, -en	Ergänzen Sie die Bestellung.	el encargo, el pedido
digital	Die Wanduhr ist digital.	digital
die E-Mail, -s	Svens E-Mail-Adresse: sven@galaxyst.com	el e-mail
das Fax, -e	Wie ist die Faxnummer?	el fax
das Geburtsdatum, -daten	Das Geburtsdatum von Heidi Klum ist 01.06.1973.	la fecha de nacimiento
die Hausnummer, -n	Meine Hausnummer ist 12.	el número del domicilio
die Kuckucksuhr, -en	Kuckucksuhren sind aus Holz.	el reloj de cucú
die Menge, -n	Welche Menge möchten Sie bestellen?	aquí: la cantidad
persönlich	Ergänzen Sie Ihre persönlichen Angaben.	aquí: personales
PLZ (die Postleitzahl, -en)	Die Postleitzahl ist 53113.	C.P. (el código postal)
der Produktname, -n	Wie ist der Produktname?	el nombre del producto

rückwärts	Die Uhr rückwärts kostet 25,00 Euro.	hacia atrás
die Straße, -n	Die Straße heißt Bismarckstraße.	la calle
die Wanduhr, -en	Die Wanduhr bekommen Sie in verschiedenen Farben.	el reloj de pared

LERNZIELE

aus·füllen	Füllen Sie das Formular aus.	rellenar
bedanken (sich)	Bedanken Sie sich. – Danke!	agradecer, dar las gracias
beschreiben	Beschreiben Sie „Ihr" Produkt.	describir
die Brille, -n	Die Brille ist rot.	las gafas
das Ding, -e	Eine Brille ist ein Ding.	la cosa
die Farbe, -n	Rot ist eine Farbe. ●	el color
die Form, -en	Welche Form hat die Brille?	la forma
das Formular, -e	Füllen Sie das Formular aus.	el formulario
der indefinite Artikel, -	indefiniter Artikel: ● ein, ● ein, ● eine	el artículo indeterminado
das Material, -ien	Material: Holz, Metall, Kunststoff, …	el material el plástico
der Negativartikel, -	Negativartikel: ● kein, ● kein, ● keine	el artículo negativo
die Produktinformation, -en	Schreiben Sie eine Produktinformation zu Ihrer Brille.	la información del producto

GRAMMATIK & KOMMUNIKATION

darauf	Bedanken Sie sich und reagieren Sie darauf.	aquí: al respecto
gern	Danke. – Bitte, gern.	con gusto
reagieren	Bedanken Sie sich und reagieren Sie darauf.	reaccionar

Lección 6: Ich brauche kein Büro.

1

der Arbeitsplatz, ¨-e	Der Arbeitsplatz ist schön.	el puesto de trabajo
diese-	Wie finden Sie diesen Arbeitsplatz?	esta, -os, -as

2

die Firma, Firmen	Wie heißt die Firma? – Brenner IT-Consulting.	la empresa
der Gruß, ¨-e	Schöne Grüße von Christian.	el saludo
heute	Sie haben heute drei Termine.	hoy
der Termin, -e	Sie haben neue Termine.	la cita
Uhr (13 Uhr)	Sie haben drei Termine: 14 Uhr, 16 Uhr und 17 Uhr.	horas (13 horas)

BILDLEXIKON

der Kalender, -
el calendario
der Bildschirm, -e
la pantalla
die Maus, ¨-e
el ratón
der Computer, -
el ordenador

der Drucker, -
la impresora
das Telefon, -e
el teléfono
das Notizbuch, ¨-er
el cuaderno de notas
der Stift, -e
el lápiz, el rotulador
das Handy, -s
el móvil

3

wollen	Frau Feser und Herr Brenner wollen Christian sprechen.	querer
die Zeit: Zeit haben	Christian hat keine Zeit für Eva.	el tiempo: tener tiempo

4

der Chef, -s	Herr Brenner ist der Chef.	el jefe
der Stress (Sg.)	Christian hat am See nur Stress.	el estrés

TIPP
Aprende también siempre las formas de plural.

• Stift – die Stifte

6

die Pluralform, -en	Suchen Sie die Pluralform im Wörterbuch.	la forma del plural
sammeln	Sammeln Sie die Wörter an der Tafel.	agrupar
der Unterschied, -e	Finden Sie die Unterschiede.	la diferencia

8

drucken	Ich drucke im Büro.	imprimir
die Endung, -en	Ergänzen Sie die Endungen.	la terminación
der Fragebogen, ¨-	Füllen Sie den Fragebogen aus.	el cuestionario

9

der Anruf, -e	Christian Schmidt bekommt einen Anruf.	la llamada telefónica
der Ball, ¨-e	Werfen Sie einer Person den Ball zu.	el balón, la pelota
erzählen	Erzählen Sie: Wie meldet man sich in Ihrem Land?	contar, narrar

melden (sich)	Wie melden Sie sich?	atender al teléfono, responder
die Telefonnummer, -n	In England sagt man nur die Telefonnummer.	el número de teléfono
zu·werfen	Werfen Sie einer Person den Ball zu.	tirar, echar (algo) a alguien

LERNZIELE

der Akkusativ, -e	Akkusativ: Ich habe einen Laptop.	el acusativo
das Büro, -s	Ich brauche kein Büro.	el despacho, la oficina
der Laptop, -s	Ich habe einen Laptop.	el ordenador portátil
der See, -n	Der Mann arbeitet am See.	el lago
die SMS, -	Lesen Sie die SMS.	el sms
das Telefongespräch, -e	Hören Sie das Telefongespräch.	la conversación telefónica
die Telefonstrategie, -strategien	Telefonstrategie: Guten Tag, hier ist …	la estrategia telefónica
das Wiederhören	Auf Wiederhören!	¡adiós! (despedida al teléfono)

MODUL-PLUS LESEMAGAZIN

1

der Autor, -en	Claudio Danzer arbeitet als Autor.	el autor
cool	Ist meine Uhr nicht cool?	chulo, guay
doch (Modalpartikel)	Die Farbe ist doch sehr hübsch, oder?	aquí: sí que (partícula modal enfática)
einfach	Meine Uhr ist einfach und praktisch.	fácil, sencillo
die Männeruhr, -en	Das ist eine Männeruhr.	el reloj de hombre
na ja	Meine Uhr ist schön. Na ja, okay, sie ist schon alt.	bueno
die Psychologie (Sg.)	Theresa studiert Psychologie.	la psicología
das Stück, -e	Ich habe viele Uhren, sieben oder acht Stück.	aquí: la pieza
(das) Südkorea	Meine Eltern kommen aus Südkorea.	Corea del Sur
toll	Ich finde meine Uhr toll.	estupendo, genial

MODUL-PLUS FILM-STATIONEN

1

bei (+ Person)	Anne und Patrick sind beim Trödler.	en casa de (+ persona)
cm	Das Bild ist 53 x 43 cm groß.	centímetros
der Trödler, -	Sie kaufen ein Bild beim Trödler.	el prendero
der Zentimeter, -	Wie viel Zentimeter sind das?	el centímetro

2

das Bierglas, ¨-er	Das Bierglas ist groß.	el vaso para la cerveza
das Handtuch, ¨-er	Das Handtuch ist rot.	la toalla
der König, -e	Das ist ein König.	el rey
die Postkarte, -n	Ist das eine Postkarte?	la tarjeta postal
die Puppe, -n	Die Puppe ist klein.	aquí: el muñeco
der Regenschirm, -e	Der Regenschirm ist grün.	el paraguas
der Schlüsselanhänger, -	Der Schlüsselanhänger ist schön.	el llavero
das Souvenir, -s	Das ist ein König-Ludwig-Souvenir.	el souvenir, el recuerdo
die Tasse, -n	Die Tasse ist aus Plastik.	la taza
der Teller, -	Der Teller ist rund.	el plato
das T-Shirt, -s	Das T-Shirt ist schwarz.	la camiseta

MODUL-PLUS PROJEKT LANDESKUNDE

1

ab	Der Nachtflohmarkt ist ab 16 Uhr.	aquí: a partir de
der Aufbau (Sg.)	Der Aufbau ist ab 13 Uhr.	la construcción, el montaje
der Besucher, -	2 000 Besucher kommen zu dem Event.	el visitante
bis (12 Jahre)	Kinder bis 12 Jahre frei	hasta (12 años)
der Eintritt, -e	Der Eintritt kostet 2 Euro.	la entrada
der Flohmarkt, ¨-e	Der Flohmarkt ist am Samstag, 21.05.	el rastro, el mercadillo al aire libre
frei	Der Eintritt ist frei.	aquí: libre, gratis
geöffnet	Der Flohmarkt ist von 16 bis 24 Uhr geöffnet.	abierto
der Händler, -	Die Händler verkaufen ihre Waren auf dem Flohmarkt.	el comerciante
die Kleidung (Sg.)	Auf dem Flohmarkt finden Sie Kleidung und vieles mehr.	la ropa
der Meter, -	Standpreise: 7 Euro pro Meter	el metro
mit·bringen	Tische bitte selbst mitbringen!	traer
der Nachtflohmarkt, ¨-e	In Leipzig ist der Nachtflohmarkt Tradition.	el mercadillo / el rastro nocturno
die Neuware, -n	Auf dem Flohmarkt findet man keine Neuware.	la mercancía nueva
die Nummer, -n	Der Nachtflohmarkt ist die Nummer eins in Sachsen.	el número
pro	7 Euro pro Meter	por
der Standpreis, -e	Standpreise: 7 Euro pro Meter	el precio de compra
stöbern	Stöbern Sie gern?	revolver
die Tradition, -en	Der Flohmarkt ist Tradition in Leipzig.	la tradición

der Trödel-Event, -s	Mehr als 2 000 Besucher kommen zu dem Trödel-Event.	la efeméride del rastrillo
der Trödelmarkt, ¨-e	= Flohmarkt	el rastro, rastrillo
der Veranstaltungs-hinweis, -e	Lesen Sie den Veranstaltungshinweis.	el anuncio del acto
die Ware, -n	Die Händler verkaufen ihre Waren von 16 bis 24 Uhr.	la mercancía
zwischen	Zwischen 2 000 und 3 000 Besucher kommen.	entre

2

das Beispiel, -e	Schreiben Sie eine Produktbeschreibung wie im Beispiel.	el ejemplo
der Fehler, -	Der Kugelschreiber macht keine Fehler.	el error, la falta
der Klassenfloh-markt, ¨-e	Machen Sie einen Klassenflohmarkt.	el rastrillo, el mercadillo en clase
na gut	Sagen wir 4 Euro? – Na gut, okay.	bueno, vale
die Produktbeschrei-bung, -en	Schreiben Sie eine Produktbeschreibung.	la descripción del producto

MODUL-PLUS AUSKLANG

1

alles	Wir finden alles.	todo
da	Wir suchen hier. Wir suchen da.	ahí, allí
danke sehr	Wir brauchen keine Hilfe, danke sehr.	muchas gracias
ja (Modalpartikel)	Das ist ja klar.	aquí: esto está claro (partícula modal)
klar	Das ist klar.	claro
lernen	Wir lernen Deutsch.	lernen
schnell	Wir lernen schnell.	rápido, rápidamente

2

mit·singen	Singen Sie mit.	cantar (con otros)

Explicaciones gramaticales

Lección 4: Der Tisch ist schön!

Lo que vas a aprender: *expresar una valoración, preguntar e informar sobre precios.*

El artículo determinado

Der Tisch ist praktisch. — *La mesa es práctica.*
Das Sofa ist nicht schlecht. — *El sofá no está mal.*
Die Lampe ist wirklich schön. — *La lámpara es realmente bonita.*

En alemán, al igual que en español, los nombres tienen diferentes géneros pero, a diferencia del español, el género no se refleja en el mismo nombre sino únicamente en el determinante que lo acompaña. Por eso es aconsejable memorizar los nombres siempre junto a sus respectivos artículos. Hay tres géneros en alemán: masculino (*der*), neutro (*das*) y femenino (*die*).

El pronombre personal

- ■ *Was kostet der Tisch?* — ■ *¿Cuánto vale la mesa?*
- ▲ *Er kostet 380,- Euro.* — ▲ *(La mesa) cuesta 380,- euros.*
- ■ *Und wie viel kostet das Sofa?* — ■ *¿Y cuánto cuesta el sofá?*
- ▲ *Es kostet 1 400,- Euro* — ▲ *(El sofá) cuesta 1 400 euro.*
- ■ *Ist die Lampe teuer?* — ■ *¿Es cara la lámpara?*
- ▲ *Nein, sie ist nicht teuer.* — ▲ *No, (la lámpara) no es cara.*

Ya hemos visto anteriormente que el sujeto siempre está representado por una o varias palabras. Para evitar repeticiones, los nombres se pueden sustitutir por pronombres.

Las formas del artículo determinado y del pronombre personal

	masculino	neutro	femenino
artículo determinado	der Tisch	das Sofa	die Lampe
pronombre personal	er	es	sie

Como ves, los pronombres recuerdan a los diferentes artículos determinados.

Los adjetivos

Der Tisch ist schön / praktisch. — *La mesa es bonita / práctica.*
Das Bild ist schön / nicht schlecht. — *El cuadro es bonito / no está mal.*
Die Lampe ist schön / modern. — *La lámpara es bonita / moderna.*

Con los adjetivos podemos expresar valoraciones. Cuando complementan a un verbo (en este caso el verbo *sein*), su forma no cambia aunque se refieran a sustantivos con géneros diferentes.

Das Bild ist sehr teuer. — *El cuadro es muy caro.*
Das Bild ist zu teuer. — *El cuadro es demasiado caro.*

El adjetivo se puede graduar colocando el adverbio *sehr* delante. La palabra *zu* delante de un adjetivo expresa que algo es excesivo.

Las monedas

Die Lampe kostet 119 Euro.
Der Kaffee kostet 4,95 Euro (vier Euro und fünfundneunzig Cent).

Cuando informamos sobre precios, la moneda se suele decir en singular:

1 Euro – 5 Euro	*1 Cent – 95 Cent*	*1 Dollar – 100 Dollar*	*1 Pfund – 10 Pfund*
(der Euro)	*(der Cent)*	*(der Dollar)*	*(das Pfund)*

Solamente las monedas de género femenino se dicen en plural.
Estas monedas suelen terminar en *-e*:

1 Krone – 5 Kronen	*1 Pesete – 100 Peseten*
(die Krone)	*(die Pesete)*

Lección 5: Was ist das? Das ist ein F.

Lo que vas a aprender: *identificar y describir algo.*

El artículo indeterminado y el artículo de negación

Das ist ein Kuli.	*Esto es un boli.*	*Das ist eine Kette.*	*Esto es un collar.*
Nein, das ist kein Kuli.	*No, no es un boli.*	*Nein, das ist keine Kette.*	*No, no es un collar.*

El artículo indeterminado *ein, eine* se usa para hablar de algo que se introduce o se define por primera vez en la conversación. Este artículo recuerda a las formas del determinante posesivo *mein, meine*. Para negar un sustantivo que va acompañado de un artículo indeterminado se usa el artículo de negación *kein, keine*.

	masculino	neutro	femenino
art. indeterminado	ein Kuli	ein Feuerzeug	eine Kette
art. de negación	kein Kuli	kein Feuerzeug	keine Kette
det. posesivo	mein Kuli	mein Feuerzeug	meine Kette

Recuerda que también existe la negación con *nicht*. Compara los siguientes ejemplos:

■ *Ist das ein Kuli?*
▲ *Nein, das ist kein Kuli, das ist ein Bleistift.*

■ *¿Es (esto) un boli?*
▲ *No, no es un boli. Es un lápiz.*

■ *Ist das dein Kuli?*
▲ *Nein, das ist nicht mein Kuli.*

■ *(Éste) ¿Es tu boli?*
▲ *No, (éste) no es mi boli.*

■ *Ist das die Brille von „Optik Eicher"?*
▲ *Nein, das ist nicht die Brille von „Optik Eicher"*

■ *¿Son (éstas) las gafas de "Optik Eicher"?*
▲ *No, (éstas) no son las gafas de "Optik Eicher"*

■ *Ist die Brille teuer?*
▲ *Nein, die Brille / sie ist nicht teuer.*

■ *¿Son caras las gafas?*
▲ *No, no son caras.*

Explicaciones gramaticales

Con *kein* se niega solamente un sustantivo con artículo indeterminado (ejemplo 1). En todos los demás casos (negación de un sustantivo con determinante posesivo, artículo determinado o negación de la frase entera) se niega con *nicht* (ejemplos 2–4).

Lección 6: Ich brauche kein Büro.

Lo que vas a aprender: *desenvolverse en un entorno profesional*

El plural de los sustantivos

- ■ *Sind das Rechnungen?*
- ▲ *Nein, das sind* ***keine Rechnungen****, das sind Formulare. Die Rechnungen sind hier.*

- ■ *¿Son facturas?*
- ▲ *No, no son facturas, son formularios. Las facturas están aquí.*

Las formas de los determinantes

nominativo	artículo indeterminado	artículo de negación	determinante posesivo	artículo determinado		
Das ist	ein	kein	mein	der	Kalender.	m
	ein	kein	mein	das	Formular.	n
	eine	keine	meine	die	Rechnung.	f
Das sind	-	**keine**	**meine**	**die**	Kalender. Formulare. Rechnungen.	pl

El artículo indeterminado no tiene forma de plural (= artículo 0). Los demás determinantes en plural (*keine, meine, die*) tienen la misma forma en los distintos géneros. Como ves, los artículos del plural coinciden con los del femenino.

Las formas de plural de los sustantivos

En alemán, el plural de los sustantivos se puede formar de diferentes maneras, hay sustantivos que no cambian:

singular	plural
der Kalender	die Kalender

Otros sustantivos añaden a la forma del singular alguna de estas terminaciones:

	singular	plural
-*e*	der Stift	die Stifte
-(*e*)*r*	das Bild	die Bilder
-(*e*)*n*	die Rechnung	die Rechnungen
-*s*	das Handy	die Handys

Entre los sustantivos que forman el plural con las terminaciones *-e* o *-er* y los que no llevan terminación hay algunos que añaden además el así llamado *Umlaut*, convirtiendo la vocal *a* en *ä*, la o en ö y la *u* en ü:

	singular	plural
¨	der Vater	die Väter
¨e	der Schrank	die Schränke
	der Chor	die Chöre
¨er	das Buch	die Bücher

Dado que es difícil saber a qué grupo pertenece un sustantivo, es recomendable aprender junto a cada sustantivo su respectiva forma de plural. Para saber la forma de plural de un sustantivo, consulta la lista de vocabulario que aparece al final de cada lección en el libro de ejercicios o en un diccionario. Los géneros y las formas de plural suelen aparecer así:

• *Vater, ¨* • *Schrank, ¨e* • *Buch, ¨er* • *Rechnung, -en* • *Handy, -s*

La declinación del sustantivo

■ *Wo ist denn der Schlüssel?*
▲ *Frau Esebeck hat den Schlüssel.*

■ *Haben Sie keinen Laptop?*
▲ *Doch, ich habe einen Laptop.*

■ *¿Dónde está la llave?*
▲ *La tiene la señora Esebeck.*

■ *¿No tiene (un) portátil?*
▲ *Sí, tengo (un) portátil.*

Al igual que en español, hay muchos verbos en alemán que exigen, aparte del sujeto, uno o varios complementos. La mayoría de estos verbos necesitan un complemento directo, como por ejemplo *haben*, *brauchen* y *suchen*.

Para diferenciar más fácilmente entre el complemento y el sujeto, los sustantivos se declinan: el sujeto aparece siempre en nominativo, el complemento directo en acusativo. En la mayoría de los casos, la declinación no se ve en el mismo sustantivo sino en el determinante que lo acompaña. Recuerda que el verbo *sein* se combina siempre con el nominativo (*Wo ist denn der Schlüssel?*).

Las formas del acusativo

	artículo indeterminado	artículo de negación	determinante posesivo	artículo determinado		
acusativo	ein**en**	kein**en**	mein**en**	d**en**	Schlüssel.	m
Ich suche	ein	kein	mein	das	Formular.	n
Ich habe	eine	keine	meine	die	Rechnung.	f
Ich brauche	-	keine	meine	die	Schlüssel. Formulare. Rechnungen.	pl

Como ves, las formas del acusativo coinciden con las del nominativo salvo en masculino singular donde el determinante lleva la desinencia *-en*.

Fonética

Lección 4: La pronunciación de las vocales

Una característica que marca mucho la pronunciación alemana es la de distinguir entre “vocales breves” (en realidad habría que decir más bien “descuidadas”) y “vocales largas” (más acertado sería decir “exageradas”). Las vocales no acentuadas raramente son largas (exageradas). Por eso en la práctica basta con atender a las acentuadas:

Vocales breves

Die Lampe, das Bett und der Sessel sind nicht billig!

Las consonantes dobles sirven para indicar que la vocal anterior es breve (descuidada).
- En la mayoría de las palabras no se escribe *kk* sino *ck*,
- ni *zz* sino *tz*,
- nunca se escribe *ßß* sino *ss*,
- también son generalmente breves (descuidadas) las vocales seguidas de dos consonantes, de *ch* o de *sch*.

Vocales largas

Die Stühle und das Sofa sind sehr schön. Sind sie auch gut?

Para pronunciar las vocales largas:
- la *a*, con la boca bien abierta,
- la *e* y la *i*, con la boca bien plana y los labios estirados como para sonreír,
- la *o* y la *u*, remarcando mucho el “tubo redondo” que se hace con los labios.

En la escritura hay también algunas señales para saber que una vocal es larga. Las principales son:
- Si se escribe detrás de ella una *h*.
- Si se escribe doble.
- En el caso de *ie*, que representa la [i:] larga excepto cuando el acento no recae en la *i*: (*Familie, Spanien*)

Lección 5: El acento de la frase

Ist das deine Mutter? *Nein, das ist meine Tante. Das hier ist meine Mutter.*

Dependiendo del énfasis que se quiere dar a la información, el acento de la frase recae en la última palabra o en lo relevante y/o nuevo, al igual que en español.

Lección 6: La pronunciación de la vocal *ü*

Fünf Stühle, grün und günstig.

La ü se pronuncia preparando la boca para decir una *u* pero intentando “sacar” una *i*, tanto en la ü larga como en la breve. No debe sonar como *ui* ni como *iu*.

En Europa central

La situación geográfica de Alemania en el centro de Europa ha tenido siempre, y sigue teniendo, mucha relevancia histórica por la relación con los países e imperios vecinos. Nueve países tienen frontera con Alemania, cuya longitud total es de 3757 km. La frontera más corta la forma Dinamarca, que limita al norte con tan sólo 67 km, y, en el sentido de las agujas del reloj, Polonia, República Checa, Austria, Suiza, Francia, Luxemburgo, Bélgica y finalmente Holanda.
Al norte, dos mares constituyen la frontera natural con Alemania, el Mar del Norte (*die Nordsee*) y el Mar Báltico (*die Ostsee*). Al sur, la línea divisoria la forman los Alpes. La mayor distancia de norte a sur es de 876 km y de oeste a este 640 km. La variedad paisajística de Alemania es bastante amplia, desde el Mar del Norte con un paisaje bañado por las mareas hasta las altas montañas de los Alpes en Baviera. Lo que quizá sorprenda más al viajero es la cantidad de poblaciones pequeñas que hay a lo largo y ancho de todo el país y la densidad urbanística de algunas regiones, como las situadas cerca del Rin, en la cuenca del Ruhr, donde de una metrópoli a otra se puede ir en tan sólo 20 minutos en tren.

En 1999, Berlín volvió a ser nombrada capital de Alemania, después de décadas de compartir este papel con Bonn, que era la capital de la República Federal Alemana y Berlín Este la de la República Democrática Alemana. Otras ciudades grandes son *Frankfurt* (Francfort), *Hamburg* (Hamburgo), *München* (Múnich) y *Köln* (Colonia). Desde el punto de vista político, Alemania es un estado federal compuesto por 16 estados federales.

Suiza comparte frontera con Alemania, Austria, Italia, Liechtenstein y Francia, y su capital es la germanoparlante *Bern* (Berna). Otras ciudades relevantes de la parte en la que se habla alemán son *Zürich* (Zúrich) y *Basel* (Basilea). La montaña *Matterhorn*, con la forma en pico de un trozo de chocolate *Toblerone*, es una de las más altas de la parte suiza de los Alpes. Políticamente, Suiza es también federal y sus 26 estados federales se llaman *Kantone* (cantones).
El 63,7 % de la población, mayoritariamente afincada en el norte, habla alemán.

Austria tiene a su vez frontera con Alemania, la República Checa, Eslovaquia, Hungría, Eslovenia, Italia, Liechtenstein y Suiza en su parte este. También aquí esta situación geográfica ha jugado un papel decisivo a lo largo de la historia del país. La capital es Viena y otras ciudades conocidas son *Salzburg* (Salzburgo), Innsbruck y Graz, por citar sólo algunas. Al igual que Suiza, Austria es un país en buena parte alpino con una superficie montañosa del 60 % del territorio. A nivel político, está compuesto por 9 estados federales.

Liechtenstein es el cuarto estado de habla alemana y está situado entre Austria y Suiza. Tiene 39 000 habitantes y una extensión de alrededor de 160 km^2. Su distancia más larga es de 24,77 km de largo y cuenta con 12,35 km de ancho. Este estado, el sexto más pequeño de la tierra y cuarto de Europa, fue fundado en 1806. Su gobierno está representado por una monarquía constitucional hereditaria con una base democrático-parlamentaria y 25 diputados, 5 políticos constituyen su gobierno.

Notas culturales

Woher kommst du? – ¿De dónde eres?

El 19,3 % de la población alemana (unos 17 millones) tiene un origen migratorio de última o penúltima generación y el 8,8 % de la población no tiene la nacionalidad alemana. Entre ellos, la nacionalidad más representada es la turca, con 1,6 millones de ciudadanos. Los restantes 4,3 millones de habitantes son mayoritariamente de Italia, Polonia, Grecia, Croacia, Serbia, Rusia y Austria. De ellos, un total de 31,7 % proviene de los 27 estados miembro de la Unión Europea. La emigración más numerosa llegó a Alemania en los años 60 y 70. Por necesidad de mano de obra, las empresas alemanas y el gobierno impulsaron entonces la inmigración con la que se pretendía alcanzar una economía en alza. A partir de los años 90 llegaron también habitantes de los Balcanes, aunque esta vez debido a las consecuencias de la guerra en la ex-Yugoslavia. Hoy en día este grupo alcanza casi 1 millón de residentes.

En Austria, muchas personas de origen extranjero vienen de Rusia, también de la ex-Yugoslavia, Alemania, Georgia y de Asia. Suiza es el país europeo donde viven más extranjeros, en torno al 22,4 % de la población, aunque habría que añadir que una cuarta parte de estas personas nacieron en Suiza y más del 30 % lleva más de 15 años viviendo en el país. El 15,2 % de los extranjeros afincados en Suiza es de Alemania y de ellos un amplio margen de población proviene de los países federales nuevos, del este de Alemania, desde donde emigraron a Suiza en busca de mejores oportunidades laborales.

Dar las gracias

Danke, danke schön o *vielen Dank* son fórmulas para expresar agradecimiento. Se utilizan con mucha frecuencia, y cuando una persona las usa de forma asidua se le considera educada. Lo mismo ocurre con las palabras *Bitte* y *bitteschön* que en muchos contextos equivalen a “por favor” en castellano. También *bitte* es una señal de cortesía y se usa con mucha frecuencia.

Existen estudios interculturales en los que se ha observado que los alemanes muestran su agradecimiento más bien al inicio de una conversación para repetirlo e intensificarlo muy a menudo en el medio y al final de la misma. Por el contrario, el español prefiere, por término general, dar las gracias al final de un diálogo.

Elbphilharmonie Hamburg

„Das Glas bringt uns die neue Zeit; Backsteinkultur tut uns nur leid."
(El cristal nos trae la nueva era, la cultura del ladrillo sólo nos apena.)
Paul Scheerbart

El Pabellón de Cristal para la *Deutsche Werkbund* de 1914, obra temprana de Bruno Taut, incluía ésta y otras sentencias del poeta expresionista Paul Scheerbart acerca de las virtudes del vidrio como material para la construcción de una nueva sociedad. En los albores de la primera guerra mundial, en pleno derrumbe de la Alemania imperial, Scheerbart y Taut imaginaban un futuro poblado de edificios de cristal invadidos por la luz, que contribuirían a liberar a la sociedad de las formas y tradiciones del pasado.

Casi cien años después, el binomio formado por la arquitectura y el vidrio ejerce la misma fascinación: su aparente inmaterialidad continúa representando la luminosidad de un futuro prometedor – acaso también su fragilidad. La vigencia de esta asociación ayudaría a explicar la unánime aceptación inicial de los hamburgueses al proyecto de la *Elbphilharmonie*, a la que el aforismo de Scheerbart bien podría servir de *leitmotiv*: sobre el gigantesco volumen de ladrillo del Kaiserspeicher A, antaño el almacén más representativo del puerto de Hamburgo y reducido ahora a zócalo utilitario, se yergue una gran mole acristalada que alberga el nuevo auditorio de la ciudad.

Y ciertamente la flamante mole remite sin reparo a la arquitectura expresionista, en la que la capacidad de simbolización se antepone con frecuencia a la lógica constructiva. Situado sobre el Elba en el extremo de una de las dársenas de la ciudad portuaria, tanto su ubicación como su forma de cuña remitieron desde el primer momento a las imágenes de un gigantesco buque, un faro colosal, un iceberg. No en vano el edificio, obra de los arquitectos suizos Herzog y de Meuron, se ha presentado a todos los efectos como el mascarón de proa de una ambiciosa operación inmobiliaria, por la que la ciudad se amplía hacia el sureste sobre los terrenos ocupados por unas instalaciones portuarias que el auge del *container* había dejado obsoletas a finales del pasado siglo.

El contraste entre la horizontalidad del zócalo y la verticalidad del anguloso prisma de vidrio recuerdan a otro icono de la arquitectura del siglo XX, el rascacielos en la *Friedrichstraße* de Berlín (1921) de Mies van der Rohe, como si la antagonía entre la torre de cristal, resplandeciente y etérea, y los oscuros edificios berlineses que la habían de rodear se hubiese resuelto en Hamburgo en el apilamiento de ambos extremos. El símil es tanto más apropiado por cuanto el propio Jacques de Meuron ha descrito el proyecto como "una ciudad vertical dentro de la ciudad", en consonancia con el heterogéneo programa que alberga el nuevo edificio: en el mismo volumen, junto al complejo programa de un gran auditorio con tres salas y el habitual aparcamiento, conviven un hotel con 250 habitaciones, 45 viviendas, y una gran plaza-mirador situada a 37 metros de altura. Y si la inmaterialidad del vidrio nos remite a la arquitectura de cristal de Bruno Taut o al Mies van der Rohe más expresionista, en la *Elbphilharmonie* se aprecia también el influjo, más profundo si cabe, de otro arquitecto alemán cuya carrera comenzaría precisamente en la estela de Taut y su arquitectura utópica para culminar con la construcción del más ilustre de los auditorios modernos. Nos referimos, claro está, a Hans Scharoun: así como el perfil de su postrera Filarmónica de Berlín (1966) acude a nuestra memoria al ver la silueta de la *Elbphilharmonie* recortándose en el plomizo cielo hamburgués, en el interior de la Gran Sala este parecido es ya inexcusable. En ella, como en Berlín, el público se sienta en torno al escenario en plateas aterrazadas que recuerdan a un paisaje de viñedos – un tipo de sala prácticamente inventado por Scharoun, cuyo éxito sin fisuras se debe tanto a la genial intuición del arquitecto como a la valía de su colaborador, el ingeniero acústico Lothar Cremer. El responsable de la acústica en Hamburgo, el prestigioso Yasuhisa Toyota, está convencido de que la Gran Sala de la *Elbphilharmonie* será digna sucesora de su modelo y pronto se contará entre las mejores del mundo.
A ello contribuirá la "piel blanca" que recubre los muros interiores de la sala, más de 10 000 paneles de fibra cuya textura tridimensional ha sido calculada expresamente para lograr el milagro de la cercanía entre músicos y público en una sala de estas dimensiones. Las curvas suavizadas que definen la geometría del interior, junto a la apariencia epitelial de estos paneles, intensifican la fluidez del espacio, como si el anguloso diseño de la Filarmónica de Berlín hubiese sido pasado por una pulidora.

Más difícil de suavizar ha resultado la multiplicación del presupuesto inicial, un hecho que no por frecuente en edificios de tal singularidad ha dejado de provocar un rosario de disputas entre todos los agentes involucrados en la erección del colosal edificio. Finalmente, la tempestad fue superada gracias en gran medida a las aportaciones personales de miles de hamburgueses entusiasmados con la imagen de la proa de la *Elbphilharmonie* enfilando el nuevo milenio al frente de la ciudad hanseática.

Lección 7: Du kannst wirklich toll ...!

1

wohl	Was sagt der Mann wohl der Frau?	probablemente (partícula modal)

2

das Auge, -n	Deine Augen sind sehr schön. 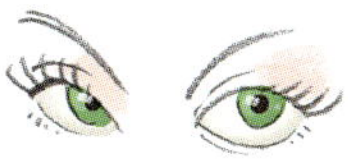	el ojo

BILDLEXIKON

Musik hören	Ich höre gern Musik.	escuchar música
spazieren gehen	Oft gehe ich spazieren.	ir de paseo

AFICIONES

 backen hornear, hacer pastelería	 malen pintar, dibujar	 Ski fahren esquiar	 Freunde treffen encontrar(se) con amigos
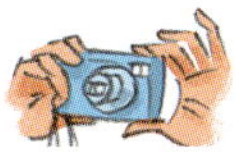 fotografieren hacer fotos	 Schach spielen jugar al ajedrez	 im Internet surfen navegar por internet	 Rad fahren ir en bicicleta
 Fußball spielen jugar al fútbol	 schwimmen nadar	 Tennis spielen jugar al tenis	

TIPP

Aprende el nombre junto con el verbo.

Spaß machen
Freunde treffen/besuchen

5

verwenden	Verwenden Sie die passende Form von „können".	emplear, utilizar

6

gar: gar nicht	Ich kann gar nicht Schach spielen.	en absoluto: no… en absoluto
nicht so (gut)	Ich kann nicht so gut malen.	no muy (bien)

7

herzlich	Herzlichen Dank.	cordial, cordialmente
vor·spielen	Spielen Sie ein Hobby vor.	representar

8

der Ausflug, ¨e	Ich mache gern Ausflüge.	la excursión
fast	Ich gehe fast nie ins Kino.	casi
die Freizeit (Sg.)	Was machen Sie gern in der Freizeit?	el tiempo libre
das Kino, -s	Ich gehe oft ins Kino.	el cine
lieben	Ich liebe Musik.	amar
Lieblings-	Mein Lieblingsbuch ist „Momo“ von Michael Ende.	preferido
der Lieblingsfilm, -e	Mein Lieblingsfilm ist „Das Leben der anderen“.	la película preferida
der Lieblingskomponist, -en	Mein Lieblingskomponist ist Mozart.	el compositor preferido
manchmal	Manchmal gehe ich ins Theater.	a veces
die Natur (Sg.)	Ich liebe die Natur.	la naturaleza (sing.)
nie	Ich gehe nie ins Theater.	nunca
oft	Wir fahren oft Rad.	a menudo
der Spaß (Sg.)	Das macht Spaß!	la diversión
das Theater, -	Manchmal gehe ich ins Theater.	el teatro
wie oft	Wie oft gehst du ins Kino?	con qué frecuencia

9

das Aktivitäten-Bingo, -s	Wir spielen Aktivitäten-Bingo.	el bingo con actividades
diagonal	Wer hat zuerst fünf Personen diagonal?	diagonal
die Möglichkeit, -en	Möglichkeit 1: senkrecht	la posibilidad
das Radio, -s	Hörst du oft Radio?	la radio
senkrecht	Notieren Sie die Namen: senkrecht oder waagerecht.	vertical
waagerecht	Möglichkeit 2: waagerecht	horizontal
zuerst	Wer hat zuerst fünf Personen?	primero, en primer lugar

10

das Auto, -s	Kann ich das Auto haben?	el coche
die Bitte, -n	Bitte: Kannst du das noch einmal sagen?	el favor
gehen: das geht nicht	Nein, das geht leider nicht.	ir, aquí: no es posible
leid·tun	Tut mir leid.	lamentar, sentir
leider	Das geht nicht. Leider!	lamentablemente
mal (Modalpartikel)	Kann ich mal telefonieren?	una vez [partícula modal]
natürlich	Ja, natürlich.	naturalmente
rauchen	Kann ich hier rauchen?	fumar

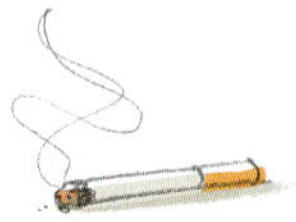

LERNZIELE

die Fähigkeit, -en	Wir sprechen über Fähigkeiten: Du kannst super tanzen.	la capacidad
die Freizeitaktivität, -en	Freizeitaktivitäten sind Musik hören, tanzen, …	la actividad de tiempo libre
die Gitarre, -n	Du kannst super Gitarre spielen.	la guitarra
das Kompliment, -e	Was für ein Kompliment macht der Mann der Frau?	el cumplido
können	Du kannst wirklich toll kochen.	poder, saber
das Modalverb, -en	„Können“ ist ein Modalverb.	el verbo modal
die Satzklammer, -n	Satzklammer: Du **kannst** super Gitarre **spielen**.	el paréntesis oracional
telefonieren	Kann ich telefonieren?	hablar por teléfono

Lección 8: Kein Problem. Ich habe Zeit!

2

das Schwimmbad, ¨-er	Gehen wir ins Schwimmbad?	la piscina

BILDLEXIKON

die Ausstellung, -en	Heute gehe ich in eine Ausstellung.	la exposición
die Bar, -s	Vielleicht können wir mal wieder in eine Bar gehen?	el bar
das Café, -s	Wo ist Karina? – Im Café.	el café [como lugar] / la cafetería
die Disco, -s	Gehen wir in eine Disco?	la discoteca
die Kneipe, -n	Kennst du eine Kneipe?	el bar, la tasca
das Konzert, -e	Wir gehen ins Konzert.	el concierto
das Museum, Museen	Heute Nachmittag gehe ich ins Museum.	el museo
das Restaurant, -s	Gehen wir ins Restaurant?	el restaurante

3

der Gruß, ¨-e	Liebe Grüße – Karina	el saludo
in	Karina geht am Nachmittag nicht ins Schwimmbad.	aquí: a

4

warum	Ich habe keine Zeit. – Warum nicht?	aquí: ¿por qué?

5

das Fernsehen (Sg.)	Im Fernsehen sagt man „fünf Uhr dreißig“.	la televisión
halb	Wie spät ist es? – Halb sechs.	aquí: y media (indicación horaria)

nach	Es ist zwanzig nach drei.	aquí: después, y (indicación horaria)
der Rücken, -	„Schreiben“ Sie Uhrzeiten auf den Rücken.	la espalda
spät: wie spät?	Wie spät ist es?	tarde, aquí: ¿qué hora es?
Viertel vor/nach	Es ist Viertel vor/nach drei.	menos cuarto / y cuarto
vor	Es ist zehn vor drei.	antes (de las tres)

6

bis (dann/morgen)	Dann bis vier! – Bis dann!	hasta
eigene	Schreiben Sie einen eigenen Chat.	propio
(die) Lust, ¨e	Lust auf Schwimmbad?	las ganas
die Idee, Ideen	Gute Idee!	la idea
morgen	Vielleicht können wir morgen ins Theater gehen.	mañana
der Profilname, -n	Ergänzen Sie auch Ihren Profilnamen.	el nombre del perfil
spät: zu spät	Sechs Uhr ist zu spät.	tarde: demasiado tarde
vielleicht	Vielleicht können wir ins Theater gehen.	a lo mejor, quizás
wann	Wann? – Um vier.	¿cuándo?

HORAS DEL DÍA

der Morgen, -
la mañana

der Abend, -e
la tarde

die Nacht, ¨e
la noche

der Vormittag, -e
la (media) mañana

der Mittag, -e
el mediodía

der Nachmittag, -e
la tarde

7

besonders	Mein Lieblingstag ist der Mittwoch. Besonders der Abend.	especialmente
der Dienstag, -e	Mein Lieblingstag ist der Dienstag.	el martes
der Donnerstag, -e	Was machst du am Donnerstag?	el jueves
der Freitag, -e	Was machst du Freitagabend?	el viernes
der Geburtstag, -e	Meine Oma hat am Sonntag Geburtstag.	el día del cumpleaños
jobben	Ich jobbe im Café.	trabajar (no fijo, por horas, temporalmente)
der Lieblingstag, -e	Welcher Tag ist Ihr Lieblingstag?	el día preferido
die Lieblingstageszeit, -en	Was ist Ihre Lieblingstageszeit?	la hora del día preferida

der Mittwoch, -e	Am Mittwoch spiele ich Tennis.	el miércoles
der Mittwochabend, -e	Am Mittwochabend habe ich Zeit.	el miércoles por la noche
der Montag, -e	Hast du am Montag Zeit?	el lunes
der Montagabend, -e	Am Montagabend gehe ich mit Sonja ins Kino.	el lunes por la noche
die Nordsee	Am Samstag machen wir einen Ausflug an die Nordsee.	el mar del Norte
der Salsa, -s	Am Donnerstagabend tanze ich Salsa.	la salsa (baile)
der Samstag, -e	Am Samstag ist kein Deutschkurs.	el sábado
die Sauna, -s/Saunen	Am Mittwoch gehe ich mit Chris in die Sauna.	la sauna
der Sonntag, -e	Am Sonntag hat Oma Geburtstag.	el domingo
die Uni, -s	= Universität	abreviatura de Universidad
der Vormittag, -e	Am Vormittag bin ich im Büro.	la mañana
die Woche, -n	Die Woche hat sieben Tage.	la semana

TIPP

Aprende las palabras en cadena, si es posible.

Montag – Dienstag – Mittwoch – …
Vormittag – Mittag – Nachmittag – …

8

ab·sagen	Sagen Sie die Einladung ab.	cancelar
der Betreff, -e	Betreff: heute	el asunto
ein·laden	Laden Sie Ihre Partnerin ein.	invitar
das Essen, -	Markus und Svenja kommen zum Essen.	la comida
höflich	Die E-Mail ist höflich.	cortés, educado
Liebe/Lieber	Lieber Timo, leider kann ich nicht kommen.	querido/a (cartas, e-mails…)
schriftlich	Sagen Sie schriftlich zu.	por escrito
sortieren	Sortieren Sie die Wendungen.	ordenar
unhöflich	Die E-Mail ist unhöflich.	descortés, maleducado
zu·sagen	Sagen Sie zu.	aceptar la invitación, contestar afirmativamente

LERNZIELE

die Absage, -n	Schreiben Sie eine Absage.	la respuesta negativa
der Chat, -s	Lesen Sie den Chat.	el chat
die Einladung, -en	Schreiben Sie eine Einladung.	la invitación
die Tageszeit, -en	„Der Nachmittag" ist eine Tageszeit.	la hora del día
temporal	„Am" und „um" sind temporale Präpositionen.	temporal
die Uhrzeit, -en	Uhrzeiten: halb sechs, fünf Uhr dreißig	la hora
um (Uhr)	Gehen wir ins Kino? Heute Nachmittag um vier?	a las (hora)
verabreden (sich)	Verabreden Sie sich im Chat.	quedar, concertar una cita
die Verbposition, -en	Verbposition: Heute Abend **habe** ich keine Zeit.	la posición del verbo

der Vorschlag, ¨-e	Machen Sie einen Vorschlag.	la propuesta
der Wochentag, -e	Die Wochentage: Montag, Dienstag, …	el día de la semana

Lección 9: Ich möchte was essen, Onkel Harry.

1

der Kühlschrank, ¨-e	Ich habe immer Milch im Kühlschrank.	el frigorífico

2

der Durst (Sg.)	Tim hat Durst.	la sed
der Hunger (Sg.)	Ich habe Hunger.	el hambre
das Käsebrot, -e	Er möchte kein Käsebrot.	el pan con queso
der Onkel, -	Onkel Harry hat keine Schokolade.	el tío
das Schinkenbrot, -e	Er möchte kein Schinkenbrot.	el pan con jamón

BILDLEXIKON

der Tee, -s	Möchten Sie Tee oder Kaffee?	el té

ALIMENTOS

	der Apfel, ¨ la manzana		der Käse, - el queso		der Salat, -e la ensalada
	der Braten, - el asado		die Kartoffel, -n la patata		der Schinken, - el jamón
	das Brot, -e el pan		der Kuchen, - el pastel		die Schokolade, -n el chocolate
	die Butter (Sg.) la mantequilla		die Milch (Sg.) la leche		die Suppe, -n la sopa
	der Fisch, -e el pescado		die Orange, -n la naranja		die Tomate, -n el tomate

3

erst	Am Sonntag frühstücke ich erst um elf.	aquí temporal: no… hasta
das Käsebrötchen, -	Ich esse zum Frühstück ein Käsebrötchen. 	el panecillo con queso
das Wochenende, -n	Am Wochenende frühstücke ich nicht.	el fin de semana

4

der Appetit (Sg.)	Guten Appetit!	el apetito
bitte sehr	Bitte sehr!	por favor
der Dank (Sg.)	Vielen Dank.	el agradecimiento, gracias
ebenfalls	Guten Appetit. – Danke, ebenfalls.	igualmente
schmecken	Wie schmeckt die Suppe?	gustar (la comida)
trinken	Trinken Sie einen Kaffee?	beber

5

danke schön	Der Braten schmeckt sehr gut. – Danke schön.	muchas gracias
der Eiersalat, -e	Als Vorspeise machen wir Eiersalat.	ensalada de huevo
der Gast, ¨-e	Was schenkt der Gast?	aquí: el comensal
gleichfalls	Guten Appetit. – Danke, gleichfalls.	igualmente
das Lieblingsessen, -	Was ist dein Lieblingsessen?	la comida preferida, el plato preferido
der Nachbar, -n	Sind Sie Nachbarn?	el vecino
planen	Planen Sie gemeinsam ein Essen.	planear
schenken	Der Gast schenkt Schokolade.	regalar
die Szene, -n	Spielen Sie kleine Szenen.	la escena

6

das Dessert, -s	Als Dessert essen wir Eis.	el postre
das Ei, -er	Ich esse gern ein Ei zum Frühstück.	el huevo
das Eis (Sg.)	Magst du Eis?	el helado
die Fischsuppe, -n	Fischsuppe schmeckt gut.	la sopa de pescado
das Hauptgericht, -e	Als Hauptgericht mache ich Zwiebelkuchen.	el plato principal
die Kursteilnehmerin, -nen	Laden Sie zwei Kursteilnehmerinnen zum Essen ein.	la asistente al curso / la alumna
das Obst (Sg.)	Isst du gern Obst?	la fruta (sing.)
die Pizza, -s/Pizzen	Heute Abend mache ich Pizza.	la pizza
der Reis (Sg.)	Ich mag keinen Reis.	el arroz
der Schokoladenkuchen, -	Alle lieben Schokoladenkuchen.	el pastel de chocolate
die Speisekarte, -n	Lesen Sie die Speisekarte.	la carta (el menú)
die Vorspeise, -n	Als Vorspeise essen wir Fischeis.	el entrante
die Zitrone, -n	Ich esse gern Zitronenkuchen.	el limón
zusammen·stellen	Stellen Sie eine Speisekarte zusammen.	aquí: componer / confeccionar
die Zwiebel, -n	Zwiebelsuppe schmeckt gut.	la cebolla

7

die Aalsuppe, -n	Aalsuppe isst man in Hamburg.	la sopa de anguila
der Apfelstrudel, -	Apfelstrudel kommt aus Österreich, oder?	rollo de hojaldre relleno de manzana y canela
der Favorit, -en	Wählen Sie Ihre Favoriten.	el favorito
das Kalbfleisch (Sg.)	Ein Wiener Schnitzel ist aus Kalbfleisch.	la carne de ternera
der Kartoffelsalat, -e	Wer möchte Kartoffelsalat?	la ensalada de patata
die Leberknödelsuppe, -n	Wir essen Leberknödelsuppe als Vorspeise.	sopa con albóndigas de hígado

die Rösti (Pl.)	Die Rösti sind aus Kartoffeln.	patatas cocidas, ralladas y salteadas (con tocino) típicas de Suiza
die Rote Grütze (Sg.)	Rote Grütze ist ein Dessert.	jalea de sémola con frutas del bosque
die Sahne (Sg.)	Es gibt Rote Grütze mit Sahne.	la nata
typisch	Was sind typische Gerichte aus Deutschland?	típico
das Vanilleeis (Sg.)	Mein Lieblingseis ist Vanilleeis.	el helado de vainilla
das Wiener Schnitzel, -	Wiener Schnitzel ist der Favorit im Kurs.	el escalope a la vienesa
das Zürcher Geschnetzelte	Heute essen wir Zürcher Geschnetzeltes.	ragú de ternera al modo de Zúrich

LERNZIELE

essen	Ich esse gern Müsli.	comer
die Essgewohnheit, -en	über Essgewohnheiten sprechen: Zum Frühstück esse ich immer ...	el hábito alimentario
das Frühstück (Sg.)	Ich esse gern Müsli zum Frühstück.	el desayuno
das Lebensmittel, -	Welche Lebensmittel haben Sie immer im Kühlschrank?	el alimento
mögen	Wir mögen Kaffee.	gustar
das Müsli, -s	Ich esse oft Müsli.	el Muesli, los cereales
die Speise, -n	Speisen im Restaurant	la comida
der Tee, -s	Möchten Sie Tee?	el té
der Tomatensalat, -e	die Tomate + der Salat = der Tomatensalat	la ensalada de tomate
die Vorliebe, -n	Was sind deine Vorlieben beim Essen?	la preferencia, la predilección

MODUL-PLUS LESEMAGAZIN

1

absolut	„Haben und Nichthaben" ist Anjas absoluter Lieblingsfilm.	absolutamente
das Beachvolleyball (Sg.)	Möchtest du Beachvolleyball spielen?	el voley playa
bearbeiten	meine Seite bearbeiten	aquí: editar (Informática)
das Brötchen, -	Es gibt Brötchen zum Frühstück.	el panecillo
das Cello, -s/Celli	Anja spielt Cello.	el violoncelo
einmal	Einmal im Jahr kommt mein Lieblingsfilm.	una vez
endlich	Endlich wieder Kino!	por fin
die Flöte, -n	Kannst du Flöte spielen?	la flauta
der Frauen-Ausflug, ¨-e	Wir machen heute einen Frauen-Ausflug.	la excursión de mujeres
freuen (sich)	Ich freue mich schon!	alegrarse

der Garten, ¨	Wir machen ein Frühstück im Garten.	el jardín
grillen	Möchtest du grillen?	asar a la barbacoa
der Honig (Sg.)	Ein Brötchen mit Honig, bitte.	la miel
der Jazz (Sg.)	Magst du Jazz?	el jazz
die Klassik (Sg.)	Anja hört gern Klassik.	la época clásica
das Konto (Internet), Konten	mein Konto auf Bingobaby	la cuenta (internet), cuentas
los	Na los!	aquí: ¡venga!, ¡va!
der Mai, -e	Samstag, 29. Mai	mayo
die Marmelade, -n	Zum Frühstück gibt es Brot, Marmelade …	la mermelada
das Musikfrühstück, -e	Wir machen ein Musikfrühstück.	el desayuno musical
online	22 Freunde sind online.	online
der Orangensaft, ¨e	Wer möchte einen Orangensaft?	el zumo de naranja
das Profil, -e	Das ist das Profil von Anja Ebner.	el perfil
die Startseite, -n	Willkommen auf der Startseite.	la página inicial
die Überschrift, -en	Welche Überschrift passt?	el título
die Veranstaltung, -en	Welche Veranstaltung möchten Sie machen?	el acto, el evento
willkommen	Willkommen bei Anja Ebner!	bienvenido
die Wurst (Sg.)	Ich mag keine Wurst.	el embutido (sing.)

4

der Blog, -s	Schreiben Sie einen Blog.	el blog

MODUL-PLUS FILM-STATIONEN

1

das Inlineskaten	Mein Hobby ist Inlineskaten.	el patinaje en línea

2

besuchen	Am Wochenende besuchen wir Freunde.	visitar
das Fußballspiel, -e	Wir gehen heute Abend zu einem Fußballspiel.	el partido de fútbol
das Kurzinterview, -s	Sehen Sie die Kurzinterviews.	la entrevista breve
verbinden	Verbinden Sie.	unir

3

der Apfelsaft, ¨e	Trinken Sie gern Apfelsaft?	el zumo de manzana
das Bier, -e	Ich trinke nicht gern Bier.	la cerveza
der Gasthof, ¨e	Mein Lieblingsrestaurant ist der Gasthof Birner in Wien.	el mesón, el hostal
das Getränk, -e	Bier und Apfelsaft sind Getränke.	la bebida

das Lieblingsrestaurant, -s	Wie heißt dein Lieblingsrestaurant?	el restaurante preferido
süß	Schokolade ist süß.	dulce
das Wasser, ¨-	Ich trinke zum Essen immer Wasser.	el agua
die Currywurst, ¨-e	Ich esse gern Currywurst.	la salchicha con salsa de curry
der Erdäpfelsalat, -e	Kartoffelsalat = Erdäpfelsalat in Österreich 	la ensalada de patata
das Geschnetzelte (Sg.)	Was ist Geschnetzeltes?	ragú de ternera en salsa
der Grünkohl (Sg.)	Grünkohl schmeckt gut.	la col rizada
das Gulasch (Sg.)	Gulasch ist eine Speise aus Ungarn.	el estofado de carne (sing.)
das Kassler, -	Kommt Kassler aus Kassel?	la costilla de cerdo ahumada
der Knödel, -	Mögen Sie Knödel?	la albóndiga de patata
der Matjes, -	Matjes ist Fisch.	el arenque fresco
die Pellkartoffel, -n	Pellkartoffeln sind gut.	la patata cocida con piel
die Pommes frites (Pl.)	Ich möchte bitte ein Wiener Schnitzel mit Pommes frites.	las patatas fritas
der Rotkohl (Sg.)	Wie schmeckt Rotkohl?	la col lombarda
die Sahnesauce, -n	Matjes isst man gern in Sahnesauce.	la salsa con nata
der Schweinebraten, -	Mein Opa liebt Schweinebraten.	el asado de cerdo

MODUL-PLUS PROJEKT LANDESKUNDE

1

bedeuten	Was bedeutet „Resteessen“?	significar
das Corned Beef, -s	Stampfen Sie Corned Beef.	el fiambre de ternera en lata
daraus	Was hast du zu Hause? Daraus kochen wir etwas.	de eso / de esto / de ello
dazu	Heute mache ich Labskaus. Dazu essen wir Spiegelei.	además
dazu·geben	Geben Sie Zwiebeln dazu.	añadir
ein·kaufen	Wir kaufen heute nicht ein.	comprar / ir de compras
extra	Man kauft nicht extra ein.	adicionalmente, especialmente
frisch	Man verwendet frische Zutaten.	fresco
früher	Früher war Labskaus ein Resteessen.	antes, anteriormente
die Gewürzgurke, -n	Mögen Sie Gewürzgurken? 	el pepinillo en vinagre
der Labskaus (Sg.)	Labskaus kommt aus Norddeutschland.	carne en salazón o fiambre de ternera, patatas, arenque en salmuera, cebollas y remolacha

norddeutsch	Labskaus ist eine norddeutsche Spezialität.	de Alemania del Norte
(das) Norddeutschland	Hamburg und Kiel sind Städte in Norddeutschland.	Alemania del Norte
der Pfeffer (Sg.)	Würzen Sie mit Pfeffer.	la pimienta
der Rest, -e	Heute macht man Labskaus nicht mehr aus Resten.	el resto
das Resteessen, -	Labskaus ist ein Resteessen.	los restos de comida
das Rezept, -e	Lesen Sie das Rezept.	la receta
das Salz (Sg.)	Wir brauchen Salz.	la sal
das Seefahreressen (Sg.)	Labskaus war ein Seefahreressen.	la comida de navegantes
die Spezialität, -en	Labkaus ist eine Spezialität.	la especialidad
das Spiegelei, -er	Zu Labskaus isst man Spiegelei.	el huevo frito
stampfen	Stampfen Sie die Kartoffeln.	aquí: hacer puré
traditionell	Das ist ein traditionelles Seefahreressen.	tradicional
würzen	Würzen Sie mit Salz und Pfeffer.	condimentar
zu Hause	Was haben Sie zu Hause?	en casa
die Zutat, -en	Das Gericht macht man aus frischen Zutaten.	el ingrediente

2

das Käsefondue, -s	Mein Gericht heißt Käsefondue.	la fondue de queso
das Kursrezeptbuch, ¨-er	Machen Sie ein Kursrezeptbuch.	el libro de recetas del curso
der Wein, -e	Für Käsefondue brauchst du Käse, Wein und Brot.	el vino

MODUL-PLUS AUSKLANG

1

dich	Wann kann ich dich sehen?	a ti
ganz	Ich weiß es ganz genau.	completamente
glücklich	Wir können einfach glücklich sein.	feliz
die Strophe, -n	Sortieren Sie die Strophen.	la estrofa
wunderschön	Tina, du bist wunderschön.	hermoso, maravilloso

Explicaciones gramaticales

Lección 7: Du kannst wirklich toll ...!

Lo que vas a aprender: *expresar cumplidos, hablar de hobbys y de lo que uno sabe hacer, pedir algo.*

El verbo modal können

Du kannst ja gut Gitarre spielen! — *¡Qué bien sabes tocar la guitarra!*
Könnt ihr Salsa tanzen? — *¿Sabéis bailar salsa?*
Können Sie das bitte wiederholen? — *¿Puede repetir, por favor?*

können pertenece al grupo de los verbos modales.
Los verbos modales indican de qué modo se debe entender el enunciado de una frase: si se trata de un deseo, una obligación, un permiso, una posibilidad, etc. Como se ve en los ejemplos, el verbo modal *können* expresa tanto capacidad como posibilidad. En español se usan dos verbos diferentes en estos contextos: saber y poder.

		können
singular	ich	kann
	du	kannst
	er/sie	kann
plural	wir	können
	ihr	könnt
	sie/Sie	können

El verbo können *en la oración*

		2ª posición		final
oración enunciativa	Du	**kannst**	ja gut Gitarre	**spielen**.
pregunta abierta		**Kannst**	du Salsa	**tanzen**?
		verbo conjugado		infinitivo

Por lo general, los verbos modales van acompañados de un infinitivo (aquí: *spielen*). Éste se coloca siempre en la última posición de la oración formando, junto con el verbo modal, un paréntesis oracional.
El verbo modal, al ser el verbo conjugado, se coloca en la 2ª posición.
En la oración enunciativa le precede el sujeto. En la pregunta abierta, el sujeto se coloca detrás del verbo modal dejando la 1ª posición libre.

Los verbos con cambio de vocal (e-i/ie, a-ä): lesen, treffen, fahren

Verena ***liest*** *gern und sie* ***trifft*** *gern Freunde.* — *A Verena le gusta leer y quedar con amigos.*

■ ***Fährst*** *du gern Ski?* — ■ *¿Te gusta esquiar?*
▲ *Ja, ich* ***fahre*** *oft Ski.* — ▲ *Sí, suelo ir a esquiar a menudo.*

		lesen	treffen	fahren
singular	ich	lese	treffe	fahre
	du	liest	triffst	fährst
	er/sie	liest	trifft	fährt
plural	wir	lesen	treffen	fahren
	ihr	lest	trefft	fahrt
	sie/Sie	lesen	treffen	fahren

Los tres verbos pertenecen al grupo de verbos con cambio de vocal. En la lección 1 ya hemos conocido otro verbo de este grupo: *sprechen*. Entre los verbos que presentan el cambio de vocal de *-e-* a *-i-* hay algunos que cambian de *-e-* a *-ie-* como, por ejemplo, *lesen*. Como la raíz de este verbo termina en -s-, la desinencia de la 2ª persona del singular es -t en vez de -st.

Aparte del cambio de -e- a *-i-/-ie-* se puede presentar también un cambio de *-a-* a *-ä-* como se ve en el verbo *fahren*.
Con este tipo de verbos es recomendable aprender el infinitivo siempre junto a la 3ª persona del singular:
sprechen – er / sie spricht, lesen – er / sie liest, fahren – er / sie fährt, etc.

Expresar gustos

*Ich spiele **gern** Schach.* — *Me gusta jugar al ajedrez.*
*Ich gehe **gern** spazieren.* — *Me gusta ir a pasear.*

En alemán, para expresar lo que nos gusta o no nos gusta hacer no existe un verbo equivalente al verbo *gustar*: se usa el adverbio *gern* junto al verbo que describe la acción. Como ves, la referencia a la persona se hace a través del sujeto (*ich*). En español se hace a través del complemento (*me*).

Gern también se puede usar para expresar simpatía:
*Ich habe Eva **gern**.* *Eva me cae bien.*

Otras formas de expresar gustos:

*Ich **finde** die Lampe **schön**.* — *Encuentro la lámpara bonita.*
*Ich **finde** Antonio **sympathisch**.* — *Antonio me cae simpático.*

Cuando el verbo *finden* se combina con un adjetivo también puede expresar gustos. Dado que el adjetivo (aquí *schön*, *sympathisch*) es complemento del verbo su forma no varía.

Explicaciones gramaticales

*Ich **liebe** Musik.* — *Amo la música.*
*Ich **liebe** die Natur.* — *Amo la naturaleza.*

El verbo *lieben* se utiliza aquí para resaltar un gusto especial. El acento de la oración suele recaer en el verbo.

Las partículas modales: aber, doch, ja, mal

*Du kannst **aber** gut kochen!* — *¡Qué bien cocinas!*
*Kann ich **mal** telefonieren?* — *¿Puedo llamar por teléfono?*

mal y *aber* son partículas modales. Su uso en alemán es muy frecuente, sobre todo en el lenguaje hablado. Por lo general no tienen equivalencia en español.

Las partículas modales indican la actitud emocional del hablante ante la situación que está expresando o escuchando. Es recomendable observar los contextos en los que aparecen, para entender mejor su significado y adquirir seguridad en su uso.

*Du kannst **aber** gut singen!* — *¡Qué bien cantas! (No me lo esperaba.)*
*Pablo kann **ja** toll Ski fahren!* — *¡Qué bien sabe esquiar Pablo!*

Tanto *aber* como *ja* expresan sorpresa al descubrir algo que no se esperaba.

*Kann ich **mal** deinen Stift haben?* — *¿Puedo tomar prestado tu bolígrafo?*
*Kannst du das bitte **mal** wiederholen?* — *¿Puedes repetir(lo), por favor?*

mal se usa a menudo en oraciones que expresan requerimientos. Con *mal* se intenta quitar importancia a lo que se pide para que el interlocutor no se sienta presionado.

*Die Lampe ist **doch** schön!* — *La lámpara sí que es bonita. (Aunque tú digas que no.)*
*Du kannst **doch** im Büro drucken.* — *Puedes imprimir en la oficina. (¿O no?)*
*Das ist **doch** kein F, das ist ein B!* — *No es una F, es una B. (¿No lo ves?)*

Hemos conocido *doch* anteriormente como contestación afirmativa a una pregunta negativa (*Haben Sie keinen Laptop? – Doch*). *Doch*, como partícula modal, también contiene esta nota de disconformidad, sea porque el hablante espera resistencia por parte del interlocutor o porque a éste le faltan conocimientos que el hablante considera básicos o evidentes.

*Wo ist **denn** mein Notizbuch?* — *¿Dónde está mi agenda?*
*Kannst du **denn** nicht tanzen?* — *¿No sabes bailar?*

La partícula *denn* aparece solamente en oraciones interrogativas y expresa curiosidad o asombro.

Lección 8: Kein Problem. Ich habe Zeit!

Lo que vas a aprender: *quedar con alguien, proponer algo, reaccionar ante una propuesta.*

Los verbos irregulares: wissen

- ■ *Was machst du heute Nachmittag?*
- ▲ *Das* ***weiß*** *ich noch nicht.*

- ■ *¿Qué haces esta tarde?*
- ▲ *No lo sé aún.*

		wissen
singular	ich	weiß
	du	weißt
	er/sie	weiß
plural	wir	wiss**en**
	ihr	wiss**t**
	sie/Sie	wiss**en**

La conjugación del verbo *wissen* recuerda a la del verbo modal *können*:
La vocal de la raíz cambia en todo el singular.
La 1ª y la 3ª persona del singular no llevan desinencia.

La colocación de los elementos en la oración enunciativa

- ■ *Heute Nachmittag gehe ich schwimmen. Kommst du mit?*
- ▲ *Ich habe leider keine Zeit.*

- ■ *Esta tarde iré a nadar, ¿te vienes?*
- ▲ *Lo siento, no tengo tiempo.*

1ª posición	2ª posición	3ª posición	
Ich	**gehe**	heute Nachmittag	schwimmen.
Ich	**habe**	leider	keine Zeit.

Leider	*habe*	ich	keine Zeit.
Heute Nachmittag	**gehe**	ich	schwimmen.
	verbo conjugado		

Ya hemos visto anteriormente que en alemán el verbo siempre ocupa la 2ª posición. La 1ª posición la puede ocupar el sujeto pero también otro elemento si se le quiere dar más importancia. El sujeto pasa entonces a ocupar la posición de detrás del verbo.

Explicaciones gramaticales

La hora

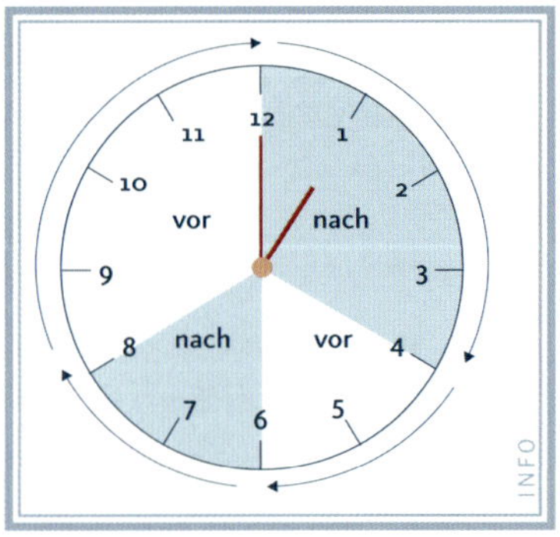

- ■ *Wie spät ist es?*
- ▲ *Es ist neun (Uhr).*

- ■ *¿Qué hora es?*
- ▲ *Son las nueve.*

A diferencia del castellano, el verbo *sein* en alemán se pone siempre en singular cuando se dice la hora.

9.00 Uhr	*neun (Uhr)*	*las nueve (horas)*
9.15 Uhr	*Viertel nach neun*	*las nueve y cuarto*
9.45 Uhr	*Viertel vor zehn*	*las diez menos cuarto*
9.30 Uhr	*halb zehn*	*las nueve y media*

Tomamos como puntos de referencia la hora en punto y las medias horas.

9.20 Uhr	*zehn (Minuten) vor halb zehn/ zwanzig (Minuten) nach neun*	*las nueve y veinte (minutos)*
9.25 Uhr	*fünf (Minuten) vor halb zehn*	*las nueve y veinticinco (minutos)*
9.35 Uhr	*fünf (Minuten) nach halb zehn*	*las diez menos veinticinco (minutos)*
9.40 Uhr	*zehn (Minuten) nach halb zehn/ zwanzig (Minuten) vor zehn*	*las diez menos veinte (minutos)*

Indicamos el tiempo que falta para llegar al punto de referencia con *vor* (= antes) y el que ha pasado con *nach* (= después).

En un contexto formal (p. ej. en la radio, en la televisión, en la consulta del médico, etc.) la hora se suele decir así:

13.15 Uhr	*dreizehn Uhr (und) fünfzehn (Minuten)*	*las trece (horas) y quince (minutos)*

Las preposiciones de tiempo am y um

- ■ ***Wann** gehen wir morgen ins Kino?*
- ▲ ***Um** drei (Uhr)?*

- ■ *¿Cuándo vamos al cine mañana?*
- ▲ *¿A las tres?*

Cuando la indicación de la hora responde a la pregunta *wann?* se introduce con la preposición *um*.

- ■ ***Wann** spielt ihr denn wieder Fußball?*
- ▲ ***Am** Montag.*
- ■ ***Am** Vormittag oder **am** Nachmittag?*
- ▲ ***Am** Montagnachmittag.*

- ■ *¿Cuándo volvéis a jugar al fútbol?*
- ▲ *El lunes.*
- ■ *¿Por la mañana o por la tarde?*
- ▲ *El lunes por la tarde.*

En el caso de los días de la semana o de las partes del día se utiliza la preposición *am* (única excepción: ***in** der Nacht* = por la noche).

Como ves en el ejemplo, los días de la semana y las partes del día se pueden juntar formando una palabra compuesta (*Montagnachmittag, Sonntagabend*, etc.).

Lección 9: Ich möchte was essen, Onkel Harry.

Lo que vas a aprender: *expresar gustos y preferencias acerca de la comida. Hablar de costumbres referentes a la comida.*

Los verbos modales mögen y möchten

- ■ ***Mögen** Sie gern Käse?* — ■ *¿Le gusta el queso?*
- ▲ *Ja, Käse **mag** ich gern.* — ▲ *Sí, el queso me gusta.*

Con el verbo *mögen* se expresan gustos en general, especialmente en el contexto de las comidas. También se puede usar para expresar gustos estéticos o simpatía: *Mögen Sie Jazz? / Mögen Sie Picasso? / Magst du Fridolin?*

mögen pertenece al grupo de los verbos modales. Sin embargo, en la función de expresar gustos generales no suele ir acompañado de un infinitivo.

- ■ ***Möchten** Sie einen Kaffee (trinken)?* — ■ *¿Le apetece tomar un café?*
- ▲ *Nein, danke, ich **möchte** jetzt keinen Kaffee (trinken).* — ▲ *No, gracias, ahora no me apetece (tomar un café).*

En su origen, *möchten* era una forma del subjuntivo (*Konjunktiv*) de *mögen* y en la actualidad se usa principalmente para expresar deseos o pedir algo. Por su uso tan frecuente, *möchten* se independizó de *mögen* y se convirtió en un verbo nuevo con una conjugación especial:

		mögen	**möchten**
singular	ich	mag	möchte
	du	magst	möchtest
	er/sie	mag	möchte
plural	wir	mögen	möchten
	ihr	mögt	möchtet
	sie/Sie	mögen	möchten

mögen presenta la conjugación típica de los verbos modales: cambia la vocal en todas las formas del presente. La 1ª y la 3ª persona del singular no llevan desinencia.

Las formas del verbo *möchten* varían, dado que originalmente se trataba de formas del subjuntivo (*Konjunktiv*):
La 1ª y la 3ª persona del singular coinciden y ambas terminan en *-e*. Como la raíz del verbo termina en *-t*, se intercala una *-e-* en la 2ª persona del singular y plural.

Explicaciones gramaticales

Los verbos modales en la oración: möchten

		2ª posición		final
pregunta abierta		**Möchtet**	ihr heute	**grillen**?
		Möchten	Sie einen Kaffee	(**trinken**)?
oración enunciativa	Ich	**möchte**	jetzt keinen Kaffee	(**trinken**).
		verbo modal		infinitivo

Al igual que los demás verbos modales, *möchten* suele ir acompañado de un infinitivo que se coloca en la última posición de la oración. Cuando el infinitivo se sobrentiende y no deja lugar a dudas, se puede omitir:
Möchten Sie einen Kaffee (trinken / haben)? / Möchten Sie noch etwas Suppe (essen / haben)?

Las palabras compuestas

- ■ *Wie schmeckt der* ***Wurstsalat****?*
- ▲ *Er schmeckt sehr gut. Aber die* ***Tomatencremesuppe*** *ist auch gut.*

- ■ *¿Qué tal está la ensalada de fiambre?*
- ▲ *Sabe muy bien. Pero la crema de tomate también está buena.*

En alemán se pueden formar muchas palabras nuevas uniendo simplemente dos o más palabras, en este caso sustantivos. Las palabras compuestas ayudan a precisar y, al mismo tiempo, economizar el lenguaje.
En una palabra compuesta, la que va en último lugar aporta el significado general de la palabra y las que están a su izquierda lo especifican (*Suppe* → *Cremesuppe* → *Tomatencremesuppe*).
A diferencia del español no hace falta ninguna preposición para unir los sustantivos, pero a veces pueden llevar otros elementos de unión, p. ej. determinadas letras o sílabas (*Schokolade**n**kuchen*, *Lieblings**s**essen*).

der Käse + **der** Kuchen = **der** Käsekuchen
der Käse + **das** Brot = **das** Käsebrot
der Käse + **die** Suppe = **die** Käsesuppe

das Buch + **das** Telefon = **das** Telefonbuch
das Buch + **die** Notiz = **das** Notizbuch
das Buch + **die** Wörter = **das** Wörterbuch

Como ves en los ejemplos, el último sustantivo (= el que aporta el significado general) es el que determina el género de la palabra compuesta. Si no encuentras una palabra compuesta en el diccionario, puedes buscarla por sus diferentes componentes.

Las partículas modales schon y erst

- ■ *Wann frühstückst du?*
- ● *In der Woche schon um sechs, am Wochenende erst um elf.*

- ■ *¿Cuándo sueles desayunar?*
- ● *Entre semana (ya) a las seis, los fines de semana no antes de las once.*

Ich brauche hundert Euro, aber ich habe erst fünfzig. Sven hat schon achtzig.

Necesito cien euros pero, de momento, no tengo más que cincuenta. Sven ya tiene ochenta.

Las partículas modales *schon* y *erst* aparecen a menudo junto a expresiones de tiempo y de cantidad e indican la opinión del hablante, en particular, si le parecen mucho o poco, pronto o tarde, etc.

Lección 7: El acento desplazable en la oración

Ich spiele Cello.
Ich liebe Musik.

El acento de la frase, y una vez más coinciden español y alemán, puede variar según la intención del hablante:

Columbus segelte 1492 nach Amerika. (no otro)
Columbus segelte 1492 nach Amerika. (no por otros medios)
Columbus segelte 1492 nach Amerika. (en ese año preciso)
Columbus segelte 1492 nach Amerika. (no a las Indias)

Lección 8: La e átona

Wir essen um Viertel vor zehn.

La *e* sin acento suele sonar muy poco. Incluso en algunos sufijos como *-en*, (típico de infinitivos, otras formas verbales y bastantes plurales) o *-el* más bien ni se pronuncia, las palabras *essen* y *Viertel* suenan como *essn* y *Viertl*.

Lección 9: El acento en las palabras compuestas

Terminkalender
Käsebrot

Cuando se componen palabras en alemán "juntando" simplemente otras, se conserva la pronunciación y entonación de cada una, a la vez que la resultante toma como acento principal el de la primera.

Así *fünf*, *und* y *zwanzig* se juntan en *fünfundzwanzig*, una palabra con el acento en la primera sílaba; los acentos de las otras palabras quedan como secundarios. Esta particularidad hace que las largas palabras alemanas compuestas suenen "como a botecitos": un bote grande al empezar y otros botecitos después.

Notas culturales

La universidad: Grado (Bachelor) y Máster

En Alemania hay unas 421 universidades llamadas *Hochschulen* o *Universitäten*. Esta cifra engloba no solamente las 108 universidades propiamente dichas, sino también 210 *Fachhochschulen* que ofrecen una enseñanza de Formación Profesional de Grado Superior, p. ej. para los ingenieros técnicos. Además entre ellas se encuentran 52 Escuelas Superiores de Arte y 29 Escuelas Superiores de Administración.

En el curso académico 2011/2012 había cerca de 2,38 millones de estudiantes matriculados en Alemania, y la tendencia es al alza tras unos años de altas tasas universitarias que influyeron negativamente en el número de matriculados. En la actualidad sólo existen dos países federales que siguen cobrando una tasa (de entre 300 y 500 €), Niedersachsen y Bayern, y ambas tienen intención de quitar dicha tasa.

Al igual que el resto de las universidades europeas, las universidades de los tres países de lengua alemana ofrecen carreras de tipo Grado (de 3 a 4 años) o Máster (otro año o dos). Por ramas de conocimiento, los estudios más demandados (por 726 000 alumnos) tienen relación con Derecho y Económicas, le siguen las ingenierías (472 000) y los estudios de filologías y cultura (457 000), luego Matemáticas y Ciencias Naturales (423 000) y, por último, 85 000 estudiantes están matriculados en Arte o Ciencias del Arte.

El porcentaje de estudiantes extranjeros en Alemania ronda el 10 %, la mayoría de ellos proviene de Polonia, Bulgaria y China. Y de ellos, más del 83 %, gestiona los estudios por su cuenta, el 17 % restante estudia con algún programa organizado o un intercambio. Los estudiantes alemanes que van al extranjero (algo más de 100 000) escogen mayoritariamente 7 países: Gran Bretaña, Estados Unidos, Francia, Austria, España y Holanda.

Al que madruga… Horarios laborales y comerciales

En general, el horario de oficina comienza a las 8 o a las 9 horas de la mañana y termina entre las 16 y las 17 h. En muchas fábricas y hospitales, sobre todo en los que se trabaja por turnos, se empieza a las 6 h de la mañana.

A las 12 h, en muchas empresas se oye la palabra *Mahlzeit!* por los pasillos. La expresión viene de *Gesegnete Mahlzeit!* y significa "que tenga(s) una comida bendecida!". Normalmente, la gente dispone de una hora para comer y no sale a un restaurante sino que se dirige a la *Kantine* (comedor) que se puede encontrar sobre todo en empresas medianas o grandes. Muchos comen también en sus propios puestos de trabajo para así salir antes de trabajar.

Los colegios e institutos empiezan pronto, hacia las 8 h normalmente, y las clases duran hasta el mediodía, hasta las 13 horas por regla general, aunque en los últimos años están aumentando con celeridad los colegios que ofrecen comedores y clases por la tarde.

Hasta hace muy pocos años, entre semana las tiendas alemanas cerraban a las 18 ó 18.30 h. Después de un largo y polémico debate en el que se deliberaba si un horario comercial más amplio posibilitaba un aumento de las ventas, más puestos de trabajo y más vida en las ciudades (que se quedaban desiertas a las 7 h. de la tarde), el horario se modificó finalmente y en la actualidad muchas tiendas abren hasta las 20 horas. En Austria abren un poco antes, a las 9 h de la mañana, buena parte de las tiendas cierran a las 18 horas. Algo parecido ocurre en Suiza, donde muchos comercios cierran a las 18.30 horas.

Feierabend

La hora de salir del trabajo y el tiempo de ocio vespertino en alemán tiene un nombre cargado de historia: es la palabra compuesta *Feierabend* (tiempo libre después de trabajar).

El *Feierabend* en la religión protestante, más concretamente pietista, sugería unir las actividades de ocio con la búsqueda del sentido de la vida y la obra vital. La religión católica incluso contaba con una santa llamada Notburga, del Tirol, cuyas virtudes fueron objeto de literatura espiritual en la segunda mitad del siglo XIX y hasta los años veinte del XX.

En los años treinta, existía una oficina estatal *Amt Feierabend* dentro del movimiento fascista *Kraft durch Freude* (Fuerza a través de la alegría) para adoctrinar a los alemanes durante sus horas libres. Eran los años 50 cuando este término empezó a caer en desuso a favor de la palabra *Freizeit* (ocio) y si se utiliza hoy en día, es a menudo en tono irónico, ya que tanto pedagógica como políticamente se considera anticuada.

¡Hermosa siesta...!

En alemán se conoce y utiliza la palabra española *siesta* para esta hora diurna de descanso. Muy apreciadas y sagradas eran hasta hace pocos años estas dos horas entre las 13 y las 15 horas en Alemania: se exigía legalmente a los demás inquilinos y habitantes que nadie hiciera labores ruidosas, pasara el cortacésped o tocara instrumentos musicales durante esas horas. A principios de este siglo se abolió oficialmente esta *Mittagszeit*. Sin embargo, en la actualidad sigue considerándose descortés hacer ruido o llamar a una casa particular durante esas horas, incluidos los fines de semana, pero sobre todo en las casas en las que viven personas mayores, ya que siguen habituadas a ese ritmo.

Puntualmente puntuales

Es de sobra conocido que en los países de habla alemana se da mucho valor al dicho "El tiempo es oro" (*Zeit ist Gold*) y se intenta no perder el tiempo ni hacerlo perder a los otros. Es útil concienciarse de ello, porque puede generar malentendidos tanto en las relaciones laborales como a nivel particular.
En invitaciones privadas para comer o cenar se acepta por lo general, y más en ocasiones algo más formales, un cuarto de hora de retraso, como muestra de tolerancia, pero no mucho más, a riesgo de ser considerado descortés.

Notas culturales

Los cumplidos y las respuestas a los cumplidos en alemán

En la comunicación humana, la expresión de cumplidos persigue el objetivo social de crear un ambiente de solidaridad y amabilidad entre los interlocutores y forma parte del sistema de cortesía de todas las culturas. No obstante, los cumplidos y el modo de responder a esta manifestación de aprecio están sujetos a variaciones culturales.

Así pues, los cumplidos en alemán no suelen caracterizarse por tener estructuras sintácticas marcadas, como serían exclamaciones con pronombres interrogativos iniciales. Aunque este tipo de cumplidos también exista en alemán, p. ej. *"Wie schön dein Pullover ist!"*, *"Was für süße Kinder Sie haben!"* o *"Wie gut der Kuchen schmeckt!"*, su uso es menos frecuente que en castellano (p. ej. *"¡Qué bonito es tu jersey!"*, *"¡Qué niños más lindos tiene!"* o *"¡Qué bueno está el pastel!"*).

En el lenguaje cotidiano alemán, los hablantes tienden a expresar la valoración positiva principalmente por medios léxicos sin modificar la estructura sintáctica habitual (p. ej. *"Dein Pullover ist ja schön!"*, *"Sie haben aber süße Kinder!"* o *"Der Kuchen schmeckt echt super!"*). En este contexto, las partículas modales como *ja*, *vielleicht* o *aber*, así como los adverbios de grado como *richtig*, *wirklich*, *sehr* o *echt* desempeñan una función especialmente importante como intensificadores del mensaje positivo.

También las reacciones usuales al aprecio expresado en los cumplidos difieren entre las diferentes culturas. Aunque la estrategia comunicativa más frecuente para responder a un cumplido, tanto en alemán como en castellano, es aceptarlo, devolverlo o desviarlo, las preferencias por una u otra estrategia divergen notablemente en ambas culturas. De este modo, muchos hablantes alemanes optan por desviar el cumplido, dirigiendo la atención del interlocutor hacia explicaciones sobre el origen o sobre la compra del objeto del cumplido, o dudando de la calidad del mismo (p. ej. *"Findest du den Pullover wirklich schön?"*, *"Der war ganz billig"*, *"Den habe ich bei C&A gekauft"*, *"Ach, so toll ist der gar nicht"*).

Reacciones de este tipo ponen de manifiesto que los hablantes alemanes admiten, en muchos casos, antes un desacuerdo con su interlocutor y la falta de agradecimiento por el cumplido que la posibilidad de su aceptación y del autoelogio. En castellano, por el contrario, prevalece la importancia de mostrarse de acuerdo con el interlocutor y con su juicio positivo, de ahí que sus hablantes acepten los cumplidos con más frecuencia mediante un simple agradecimiento.

Kathrin Siebold, Universidad Pablo de Olavide, Sevilla

Bertha von Suttner, una mujer de armas (no) tomar

Condesa decimonónica con cuello alto y cofia, e institutriz en una familia aristocrática y adinerada: quizá lo primero que se nos viene a la cabeza no es el cuadro "típico" de una pacifista. Pero ambas descripciones encajan cuando nos acercamos a la obra y vida de esta mujer. Los coleccionistas de monedas de euro la habrán visto en las monedas de 2 € de Austria. Se trata de la escritora, ensayista y Premio Nobel de la Paz, Bertha von Suttner. Austria se honra de tener dos mujeres Premios Nobel: en 1905 le fue concedido el Novel de la Paz a Bertha von Suttner y casi 100 más tarde, le fue entregado el Nobel de Literatura a Elfriede Jelinek (por *El pianista*, entre otras novelas).

El primer Premio Nobel de la Paz se otorgó en 1901, a Henri Dunant, fundador de la Cruz Roja. Cuatro años más tarde se le concedió a una mujer, y durante las décadas siguientes, hasta 2006, sólo nueve mujeres más lo recibieron.

Bertha von Suttner nació en Praga en 1843 como Condesa de Kinsky en una familia aristocrática pero pobre. Para evitar las penurias económicas a las que se vio sometida su familia, aceptó un puesto de trabajo en Viena como institutriz en casa de los Suttner, donde daba clases de música y lengua. Se enamoró del hijo de la familia, siete años menor que ella, y que también le correspondía. Al descubrir a los enamorados, la madre de éste echó a Bertha de casa, no sin antes facilitarle un puesto de trabajo como secretaria privada, nada menos que en París, en casa de Alfred Nobel.

A pesar de todo, los enamorados no se quisieron separar y, al poco tiempo, Arthur von Suttner y Bertha se casaron a escondidas. Juntos se vieron obligados a huir sin recibir la aprobación de la familia. Se fueron a vivir lejos, al Cáucaso, donde ambos se ganaron la vida escribiendo novelas. En 1877, Arthur von Suttner comenzó a trabajar para la prensa alemana sobre la guerra entre Rusia y Turquía. También Bertha von Suttner empezaría a escribir, aunque bajo seudónimo.

El tiempo curaría las brechas familiares y ambos volvieron a Viena, donde se reconciliaron con la familia. Bertha siguió ganándose la vida escribiendo. Su novela más famosa se titula "Abajo las armas" y fue publicada en 1889. Durante muchos años, fue considerada la obra antibélica más célebre y se tradujo a 16 lenguas distintas.

Bertha von Suttner estaba firmemente convencida de que un tribunal arbitral internacional podría evitar conflictos y guerras, por lo que, en 1897, presentó ante el emperador austriaco un documento acompañado de firmas donde solicitaba la creación de un tribunal internacional de arbitraje. Dos años más tarde participaría en los preparativos de una Conferencia Internacional de Paz en La Haya, en la que intervinieron 26 estados.

En 1902, a pesar de la muerte de su marido, Bertha siguió abanderando la lucha por la paz, que la llevó hasta Estados Unidos, donde dio conferencias y hasta llégo a ser recibida por el entonces presidente Roosevelt. En 1905 recibió el Premio Nobel de la Paz, gracias a la propuesta del mismo Alfred Nobel, para el que había trabajado en París.

Bertha von Suttner murió en 1914, muy pocas semanas antes del atentado al archiduque austriaco y su mujer en Sarajevo, incidente detonante de la Primera Guerra Mundial. Ella puso la semilla para que esto no ocurriera, pero nada podría frenar ya la imparable máquina de la guerra.

Lección 10: Ich steige jetzt in die U-Bahn ein.

1

die U-Bahn, -en	Ich steige jetzt in die U-Bahn ein.	el metro (transporte)
schließen	Schließen Sie die Augen und hören Sie.	cerrar

2

der Bahnhof, ¨-e	Der Mann ist am Bahnhof.	la estación de tren
der Flughafen, ¨-	Der Mann ist am Flughafen.	el aeropuerto

BILDLEXIKON

der Bahnsteig, -e	Am Bahnsteig sind viele Menschen.	el andén
der Bus, -se	Ich nehme den Bus.	el autobús
das Flugzeug, -e	Magst du Flugzeuge?	el avión
das Gepäck (Sg.)	Ich habe viel Gepäck.	el equipaje
das Gleis, -e	Vorsicht am Gleis 10!	la vía, la plataforma
die Haltestelle, -n	Eine Frau ist an der Haltestelle.	la parada
der Koffer, -	Ja, den Koffer habe ich und die Tasche auch.	la maleta
die S-Bahn, -en	Der Mann steigt in die S-Bahn ein.	el tren suburbano
die Straßenbahn, -en	Die Straßenbahn fährt zum Flughafen.	el tranvía
das Taxi, -s	Ich brauche ein Taxi.	el taxi
der Zug, ¨-e	Wann kommt der Zug an?	el tren

VERBOS SEPARABLES

ein·steigen
subir (a un vehículo)

fern·sehen
ver la televisión

an·rufen
llamar por teléfono

an·kommen
llegar

aus·steigen
apearse

ein·kaufen

ab·fahren
salir, partir (medios de locomoción)

4

Achtung!	Achtung! Bitte zurückbleiben!	¡atención!
ein·fahren	Am Bahnsteig 2 fährt die U2 ein.	entrar (vehículos)
gerade	Der Zug fährt gerade ein.	aquí: en este momento
der Halt, -e/-s	Nächster Halt Innsbrucker Ring.	la parada
die Minute, -n	In vierzig Minuten komme ich zu Hause an.	el minuto
die Vorsicht (Sg.)	Bitte Vorsicht!	aquí: ¡cuidado!
zurück·bleiben	Am Bahnsteig 2: Zurückbleiben bitte!	aquí: mantenerse a distancia

TIPP

Estás leyendo la frase:
„Wir steigen dann in Flensburg in den Bus um.“, y no entiendes la palabra „steigen“. Si quieres consultar el diccionario, mira también el final de la frase para buscar el verbo „umsteigen“ al completo.

5

der Infinitiv, -e	Notieren Sie die Infinitive: einsteigen, fernsehen, …	el infinitivo

6

achten auf	Achten Sie auf die richtige Satzstellung.	fijarse, prestar atención, tener cuidado
die Satzstellung, -en	Wie ist die richtige Satzstellung?	orden sintáctico
stellen	Ihr Partner stellt Fragen.	aquí: formular

7

ab·holen	Holst du mich am Bahnhof ab?	recoger
der Cappuccino, -s	Bringst du einen Cappuccino mit?	el café capuchino
entschuldigen	Entschuldigen Sie, wo fährt der Zug nach München ab?	perdonar, disculpar
der Hauptbahnhof, ¨-e	Fährt ein Bus vom Hauptbahnhof zum Flughafen?	la estación principal / central
nehmen	Nimmst du ein Taxi? – Nein, ich nehme den Bus.	coger, tomar (vehículos)
um·steigen	Ich steige in den Bus um.	hacer transbordo
weitere-	Kennen Sie weitere Wörter?	otros,-as más

8

geben	Geben Sie die Sätze einem anderen Paar.	dar
der Kasten, ¨	Schreiben Sie Sätze mit den Wörtern aus dem Kasten.	aquí: el recuadro
das Satzpuzzle, -s	Machen Sie ein Satzpuzzle.	aquí: juego de composición de frases
zerschneiden	Zerschneiden Sie die Sätze.	cortar a trozos

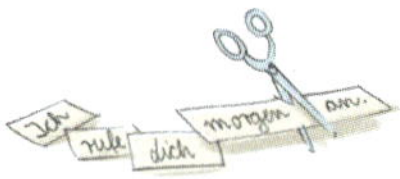

9

der Punkt, -e	Der Satz ist richtig. Du bekommst einen Punkt.	el punto
die Spielfigur, -en	Ziehen Sie mit Ihrer Spielfigur.	aquí: ficha
überprüfen	Machen Sie einen Satz. Die anderen überprüfen.	aquí: comprobar
das Würfelspiel, -e	Spielen Sie ein Würfelspiel.	aquí: juego con dados

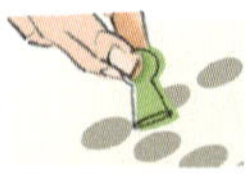

10

auf·passen	Pass auf dich auf!	tener cuidado, prestar atención
der Ausdruck, ¨-e	Können Sie den Ausdruck übersetzen?	la expresión

11

durch	Gehen Sie durch den Kursraum.	por, a través de

LERNZIELE

also	Also dann – tschüs.	o sea, aquí: bueno
beenden	Der Mann beendet das Telefonat.	finalizar, terminar
die Durchsage, -n	Hören Sie die Durchsage.	aquí: aviso por altavoz
informieren (sich)	Informieren Sie sich: Wann kommt er an?	informar(se)
die Reise, -n	Wir machen eine Reise.	el viaje
das Telefonat, -e	Der Mann beendet das Telefonat.	la llamada telefónica
das trennbare Verb, -en	„Anrufen“ ist ein trennbares Verb: Ich rufe dich an.	el verbo separable
das Verkehrsmittel, -	Die U-Bahn ist ein Verkehrsmittel in der Stadt.	el medio de transporte

Lección 11: Was hast du heute gemacht?

1

-mal (ein-/zwei-/dreimal)	Ich gehe zweimal in der Woche ins Schwimmbad.	vez (una, dos, tres veces)
täglich	Ich fahre täglich zur Arbeit.	diariamente
wirklich	Ich fahre immer Fahrrad. – Wirklich?	aquí: ¿de verdad?
wohin	Wohin fährst du?	¿a dónde?
zu (lokal: zur/zum)	Ich fahre zur Arbeit und zum Einkaufen.	aquí: a

BILDLEXIKON

die Pause, -n	Von eins bis zwei habe ich eine Pause gemacht.	el descanso, la pausa
die Zeitung, -en	Am Morgen lese ich Zeitung.	el periódico

ACTIVIDADES DIARIAS

Hausaufgaben machen
hacer los deberes

aufräumen
arreglar, ordenar

Deutsch lernen
aprender alemán

E-Mails schreiben
escribir E-Mails

arbeiten
trabajar

Zeitung lesen
leer el periódico

schlafen
dormir

eine Pause machen
hacer un descanso

Kaffee kochen
hacer café

3

frühstücken	Anja frühstückt gerade.	desayunar
das Geschenk, -e	Anja braucht ein Geschenk für Tante Betti.	el regalo
der Juni, -s	Heute ist Montag, der 3. Juni.	junio
kaufen	Anja kauft ein Geschenk.	comprar
die Orchesterprobe, -n	Heute Abend habe ich Orchesterprobe.	aquí: el ensayo con la orquesta
die Tante, -n	Anjas Tante heißt Betti.	la tía

4

auf·stehen	Wann stehen Sie auf?	levantarse
der Deutschkurs, -e	Was machen Sie heute nach dem Deutschkurs?	el curso de alemán
der Kursleiter, - / die Kursleiterin, -nen	Ihre Kursleiterin nennt die Tätigkeiten.	el / la profesor/a
die Tätigkeit, -en	Ihre Kursleiterin nennt die Tätigkeiten.	la actividad

5

ach ja	Ach ja: Ich habe eine Mail geschrieben.	¡ah sí!, ¡ah ya!
bringen	Sie bringen den Schrank am Mittwoch.	aquí: traer
denken	Ich habe oft an dich gedacht.	pensar
der Dezember, -	Ich kann noch bis Dezember arbeiten.	el diciembre
die Dienstreise, -n	Michi ist auf einer Dienstreise.	el viaje de trabajo
fleißig	Habt ihr fleißig für das Konzert geübt?	aquí: con afán, aplicación
der Geschäftspartner, - / die Geschäftspartnerin	Ich habe den ganzen Tag mit Geschäftspartnern gesprochen.	aquí: socio
gleich	Herr Bergmair hat gleich angerufen.	aquí: en seguida
interessant	Die Arbeit ist interessant.	interessante
der Küchenschrank, ¨-e	Der Küchenschrank ist fertig.	el armario de cocina
der Kunde, -n / die Kundin	Michi spricht viel mit Kunden.	el cliente
lachen	Wir haben viel gelacht.	reír
langweilig	Hier ist es so langweilig!	aburrido
Liebste/r	Hallo mein Liebster!	queridísimo/a
das Mittagessen, -	Babs hat mich zum Mittagessen eingeladen.	la comida del mediodía
nachmittags	Nachmittags habe ich eingekauft.	por la tarde
das Partizip, -ien	Partizip: gemacht, gesprochen, angerufen, …	el participio
die Perfekt-Form, -en	Markieren Sie die Perfekt-Formen.	la forma del perfecto
das Präsens (Sg.)	Präsens = Jetzt-Zeit	el presente
die Privatreise, -n	Wir machen eine Privatreise nach Österreich.	el viaje privado

reden	Wir haben viel geredet.	hablar
der Schatz, ¨-e	Ich freue mich auf dich, mein Schatz!	el tesoro (también forma cariñosa)
schwanger	Anja bekommt ein Baby. = Sie ist schwanger.	embarazada

TIPP: Escribe frases y utiliza palabras nuevas y conocidas.

6

die Bewegung, -en	Machen Sie eine Bewegung. Die anderen raten.	el movimiento
letzte-	Hast du letzten Freitag E-Mails geschrieben?	último, aquí: pasado
die Mittagspause, -n	Ich habe keine Mittagspause gemacht.	la pausa del mediodía
das Pantomime-Spiel, -e	Wir spielen ein Pantomime-Spiel.	representación de mimo

8

die Rechtschreibung (Sg.)	Korrigieren Sie die Rechtschreibung.	la ortografía

LERNZIELE

die Alltagsaktivität, -en	Alltagsaktivitäten: Was machst du oft?	actividad cotidiana
gestern	Was hast du gestern gemacht?	ayer
das Perfekt (Sg.)	Perfekt mit „haben“: Was hast du heute gemacht?	el pretérito perfecto
der Tagesablauf, ¨-e	Einen Tagesablauf beschreiben: um 8 Uhr, um 9 Uhr, um 19 Uhr, …	el transcurso del día
der Terminkalender, -	Lesen Sie Anjas Terminkalender.	la agenda
das Vergangene (Sg.)	Über Vergangenes sprechen: Was hast du gemacht?	el/lo pasado

GRAMMATIK & KOMMUNIKATION

regelmäßig	„Machen“ ist ein regelmäßiges Verb.	aquí: regular
unregelmäßig	„Schreiben“ ist ein unregelmäßiges Verb.	aquí: irregular

Lección 12: Was ist denn hier passiert?

1

feiern	Die Leute haben Geburtstag gefeiert.	celebrar, festejar
die Hochzeit, -en	Wer hat die Hochzeit im Restaurant gefeiert?	la boda
der Karneval (Sg.)	Die Leute haben vielleicht Karneval gefeiert.	el carnaval
die Leute (Pl.)	Ich glaube, die Leute feiern gern.	la gente

passieren	Was ist passiert?	suceder
das Silvester, -	Wann feiert man Silvester?	aquí: Nochevieja (Noche de San Silvestre)

2

das Mal, -e (das letzte/erste Mal)	Wann haben Sie das letzte Mal gefeiert?	la vez

BILDLEXIKON

der April, -e	Wer hat im April Geburtstag?	abril
der August, -e	Der August ist ein Monat.	agosto
der Februar, -e	Der Karneval dauert bis Februar oder März.	febrero
der Frühling, -e	Was feiert ihr im Frühling?	la primavera
der Herbst, -e	Das Oktoberfest ist im Herbst.	el otoño
der Januar, -e	Wann hast du Geburtstag? – Im Januar.	enero
der Juli, -s	Der Juli ist ein Sommermonat.	julio
der März, -e	Manchmal dauert der Karneval bis März.	marzo
der November, -	Der Karneval fängt im November an.	noviembre
der Oktober, -	Ist das Oktoberfest im Oktober?	octubre
der September, -	Das Oktoberfest fängt im September an.	septiembre
der Sommer, -	Was machst du im Sommer?	el verano
der Winter, -	Silvester und Neujahr sind im Winter.	el invierno

MESES Y ESTACIONES

Frühling

März, April, Mai

Sommer

Juni, Juli, August

Herbst

September, Oktober, November

Winter

Dezember, Januar, Februar

TIPP

Intenta encontrar palabras internacionales en los textos, te ayudarán a entenderlo. Compara con tu lengua materna.

Deutsch	Englisch	Spanisch
Winter	winter	invierno
studieren	to study	estudiar

3

an·fangen	Der Karneval fängt im November an.	empezar
auf·hören	Der Karneval hört im Februar oder März auf.	dejar de, aquí: terminar
bis	Zu Rock am Ring gehen 70 000 bis 80 000 Rockmusik-Fans.	aquí: hasta
dauern	Das Fest dauert zwei bis drei Tage.	durar

etwa	Zum Oktoberfest kommen etwa fünf bis sechs Millionen Besucher.	aproximadamente
der Event, -s	Rock am Ring ist ein tolles Event.	el acontecimiento, evento
der Fasching (Sg.)	Fasching = Karneval, Fasnacht	carnaval
die Fasnacht (Sg.)	Fasnacht = Karneval, Fasching	la noche de carnaval, aquí: carnaval
das Festival, -s	Rock am Ring ist ein Rockmusik-Festival.	el festival
im (temporal)	Das Oktoberfest ist im September und Oktober.	aquí: en
die Jahreszahl, -en	Notieren Sie die Jahreszahlen.	aquí: el año
das Karnevalsfest, -e	Die großen Karnevalsfeste sind an den letzten sechs Tagen.	la fiesta de carnaval
klingen	Rock am Ring? Das klingt interessant.	sonar
die Lieblingsband, -s	Was ist deine Lieblingsband?	aquí: grupo musical favorito
das Neujahr (Sg.)	Neujahr = 1. Januar	el Año Nuevo
die Open-Air-Party, -s	Die größte Silvester-Open-Air-Party ist in Berlin.	la fiesta al aire libre
die Rockmusik (Sg.)	Ich liebe Rockmusik.	la música rock
der Rockmusik-Fan, -s	Rockmusik-Fans gehen zu Rock am Ring.	los fans del rock
rund: rund um die Uhr	Rund um die Uhr können die Besucher ihre Lieblingsband hören.	toda la noche
ungefähr	Das Oktoberfest dauert ungefähr zwei Wochen.	aproximadamente, más o menos
die Welt, -en	Menschen in der ganzen Welt feiern Silvester und Neujahr.	el mundo

4

gefallen	Das Festival hat ihnen gut gefallen.	gustar
nett	Henry hat viele nette Leute getroffen.	amable, simpático

5

die Abschiedsparty, -s	Am Donnerstag war Marc auf einer Abschiedsparty.	la fiesta de despedida
die Einweihungsparty, -s	Am Freitag ist meine Einweihungsparty.	la fiesta de inauguración

6

dorthin	Wie bist du dorthin gekommen? – Ich bin geflogen.	allí
der Stichpunkt, -e	Schreiben Sie Stichpunkte auf einen Zettel.	el punto (de un esquema)
der Teilnehmer, - / die Teilnehmerin, -nen	Jeder Teilnehmer liest einen Zettel vor.	aquí: el / la alumno/a
das Top-Party-Erlebnis, -se	Was war dein Top-Party-Erlebnis?	aquí: emocionante experiencia en una macrofiesta

7

die Aktivität, -en	Besondere Aktivitäten: Hast du schon einmal Karneval gefeiert?	la actividad
besondere	Besondere Aktivitäten: Hast du schon einmal Karneval gefeiert?	especial, en particular
der Fallschirm, -e	Mein Hobby ist Fallschirmspringen.	el paracaídas
mindestens	Das möchte ich mindestens einmal machen.	como mínimo, por lo menos
der Pazifik (Sg.)	Ich möchte im Pazifik schwimmen.	el océano Pacífico
die Pyramide, -n	Hast du die Pyramiden von Gizeh schon gesehen?	la pirámide
segeln	Ich möchte einmal über die Nordsee segeln.	navegar
springen	Bist du schon einmal Fallschirm gesprungen?	saltar
das Weißbier, -e	Ich trinke gern Weißbier.	la cerveza de trigo

8

das Jahreszeiten-Poster, -	Machen Sie ein Jahreszeiten-Poster.	el póster de las cuatro estaciones
wandern	Im Herbst wandern wir gern.	ir de excursión, hacer senderismo

LERNZIELE

das Fest, -e	Feste: Geburtstag, Karneval, Hochzeit, ...	la fiesta
geben: es gibt	Das Oktoberfest gibt es seit 1810.	aquí: haber: hay
fliegen	Er ist nach München geflogen.	volar
der Informationstext, -e	Wir lesen viele Informationstexte.	el texto informativo
die Jahreszeit, -en	Was ist deine Lieblingsjahreszeit?	la estación del año
der Monat, -e	Der Juni ist ein schöner Monat.	el mes
das Oktoberfest, -e	Das Oktoberfest feiert man in München.	aquí: la Fiesta de la cerveza (de Múnich en otoño)

GRAMMATIK & KOMMUNIKATION

die Vergangenheit, -en	Wir sprechen über Vergangenes, also die Vergangenheit.	el pasado

MODUL-PLUS LESEMAGAZIN

1

blühen	Die Kirschbäume blühen schon.	florecer
der Club, -s	Heute Abend gehe ich zum Tanzen in einen Club.	el club
danach	Um 15 Uhr war ich im Hotel. Danach bin ich gleich in die Stadt gegangen.	después
der Dom, -e	Speyer hat einen Dom.	la catedral
das Frühlings-Wochenende, -n	Anjas Frühlings-Wochenende am Rhein	el fin de semana de primavera

das Hotel, -s	Um 15 Uhr ist Anja im Hotel angekommen.	el hotel
der Kirschbaum, ⸚e	Im Schlossgarten von Schwetzingen gibt es Kirschbäume.	el cerezo
der Kommentar, -e	Schreiben Sie einen Kommentar.	el comentario
lecker	Pfälzer Wein ist lecker.	rico, sabroso
der Link, -s	Welcher Link passt? Markieren Sie.	el enlace
los·fahren	Um 12 Uhr bin ich losgefahren.	salir, partir (en medios de locomoción)
los·gehen	Ich bin gleich losgegangen.	salir, marchar
nach Hause	Anja möchte nicht nach Hause.	a casa
das Orchester-Wochenende, -n	Anja war auf einem Orchester-Wochenende in Luzern.	aquí: fin de semana con la orquesta
der Park, -s	Anja geht in den Park.	el parque
der Reise-Blog, -s	Anja schreibt einen Reise-Blog.	el blog de viaje
das Rosa (Sg.)	So viel Rosa habe ich noch nie gesehen.	aquí: el rosa (sing.)
schade	Das Wochenende ist vorbei. Schade!	qué lástima
der Schlosspark, -s	In Schwetzingen gibt es einen schönen Schlosspark.	los jardines del palacio
(das) Schottland	Letzten Sommer war ich in Schottland.	Escocia
das Schweinefleisch (Sg.)	Isst du gern Schweinefleisch?	la carne de cerdo
(das) Süditalien	Im Sommer fahren wir nach Süditalien.	el sur de Italia
der Tipp, -s	Ich habe einen Tipp bekommen.	la indicación, recomendación
total	Das Technik-Museum ist total interessant.	totalmente, aquí: muy
über (mehr als)	Die Stadt ist über 2 000 Jahre alt.	aquí: más de
unterwegs	Anja ist viel unterwegs.	en, de, por el camino
der Verkehr (Sg.)	Es war nicht viel Verkehr.	el tráfico
vorbei sein	Das Wochenende ist schon fast vorbei.	estar terminado, haber acabado
(das) Wales	Wo ist Wales?	Gales
der Wasserturm, ⸚e	Der Wasserturm von Mannheim ist interessant.	la torre de agua

MODUL-PLUS FILM-STATIONEN

1

der Weg, -e	Hannas Weg ins Büro	el camino

2

das Croissant, -s	Martin hat Croissants gebacken.	el cruasán
holen	Er hat die Zeitung geholt.	ir a buscar, ir a por...
das Jenga (Sg.)	Hast du schon einmal Jenga gespielt?	la jenga o yenga (juego de habilidad física y mental)

sauber machen	Später hat Martin aufgeräumt und sauber gemacht.	limpiar
der Spaziergang, ¨-e	Ich habe einen Spaziergang gemacht.	el paseo
das Videotagebuch, ¨-er	Sehen Sie das Videotagebuch.	el diario de vídeo
zu (zu Abend)	Wann isst du zu Abend?	aquí: para

3

die Betriebsfeier, -n	Am Freitag hatten wir Betriebsfeier.	la fiesta de empresa
die Diashow, -s	Sehen Sie die Diashow.	el pase de diapositivas
das Faschingsfest, -e	Wir waren auf einem Faschingsfest.	la fiesta de carnaval
die Führerscheinprüfung, -en	Hast du die Führerscheinprüfung gemacht?	el examen del permiso de conducir
die Geburtstagsfeier, -n	Wie war Annas Geburtstagsfeier?	la fiesta de cumpleaños
lustig	Die Feier war sehr lustig.	divertido
schaffen	Hast du die Prüfung geschafft?	conseguir

MODUL-PLUS PROJEKT LANDESKUNDE

1

die Aussicht, -en	Genießen Sie die Aussicht auf die Stadt.	la vista, el panorama
bequem	Mit öffentlichen Verkehrsmitteln können Sie Zürich bequem besichtigen.	cómodo
die Bergbahn, -en	Nehmen Sie die Bergbahn und sehen Sie Zürich von oben.	el tren de montaña
besichtigen	Touristen können Zürich mit Bus und Bahn besichtigen.	visitar
die Fahrt, -en	Auf der Fahrt mit dem Wassertaxi sehen Sie Zürich vom Wasser aus.	el trayecto
genießen	Genießen Sie die tolle Aussicht.	disfrutar
lieber	Möchten Sie Zürich lieber von oben sehen?	preferentemente
oben: von oben	Mit der Bergbahn können Sie Zürich von oben sehen.	arriba: desde arriba
öffentlich	Zürich hat ein gutes öffentliches Verkehrsnetz.	público
der Tourist, -en	Tipp für Touristen: Fahren Sie mit öffentlichen Verkehrsmitteln.	el turista
die Touristeninformation, -en	Entschuldigung, wo ist die Touristeninformation, bitte?	la información turística
die Tram, -s	= Straßenbahn	el tranvía
das Velo, -s (CH)	= Fahrrad	la bicicleta (en Suiza)
das Verkehrsnetz, -e	Das Verkehrsnetz von Zürich ist sehr gut.	la red de transportes
das Wassertaxi, -s	Nehmen Sie ein Wassertaxi und besichtigen Sie die Stadt vom Wasser aus.	el taxi acuático
wenige	Nur wenige Menschen nehmen öffentliche Verkehrsmittel.	pocos/as

2

der Botanische Garten, ¨-	Wir sind mit Bus und Tram zum Botanischen Garten gefahren.	el jardín botánico
dabei	Sie möchten die Stadt besichtigen und dabei alle Verkehrsmittel nehmen.	incluido, aquí: tomando, haciendo uso
recherchieren	Recherchieren Sie im Internet.	aquí: buscar
die Reihenfolge, -n	In welcher Reihenfolge wollen Sie die Sehenswürdigkeiten besichtigen?	aquí: en qué orden
die Sehenswürdigkeit, -en	Wo sind die Sehenswürdigkeiten von Zürich?	la curiosidad turística
die Verkehrsbetriebe (Pl.)	Suchen Sie auf der Website der Verkehrsbetriebe Zürich.	la empresa de transportes
die Website, -s	Gehen Sie auf die Website.	la página web
wie lange	Wie lange dauert die Fahrt?	cuánto tiempo
der Zoo, -s	Wir möchten zum Zoo.	el zoológico

MODUL-PLUS AUSKLANG

1

früh	Bis morgen früh!	temprano, pronto
der Hit, -s	DJ PartyMax bringt seine Hits mit.	el éxito musical, hit
der Liedtext, -e	Lesen Sie den Liedtext und hören Sie.	la letra de la canción
vergessen	Heute Abend haben wir die Woche schon vergessen.	olvidar
zusammen	Wir feiern zusammen.	juntos

3

bilden	Bilden Sie Gruppen.	aquí: formar
die Gruppe, -n	Sprechen Sie in der Gruppe.	el grupo
der House (Sg.)	Hören Sie gern House?	el house, aquí: estilo de música house
die Popmusik (Sg.)	Mögen Sie Popmusik?	la música pop
der Punk (Sg.)	Ich tanze gern zu Punk.	el punk, aquí: estilo de música punk
(der) Reggae (Sg.)	Reggae ist meine Lieblingsmusik.	el reggie, aquí: estilo de música reggie
der Ska (Sg.)	Was ist Ska?	el ska, aquí: género musical
der Swing (Sg.)	Swing ist toll.	el swing, aquí: estilo de música swing
der Techno (Sg.)	Tanzt du gern zu Techno?	el tecno, aquí: música tecno

Explicaciones gramaticales

Lección 10: Ich steige jetzt in die U-Bahn ein.

Lo que vas a aprender: *adquirir información, hablar de viajes y del transporte público.*

Los verbos separables

ein·kaufen:	*Paco kauft ein.*	*Paco está haciendo la compra.*
an·kommen:	*Wir kommen in 20 Minuten an.*	*Llegaremos dentro de 20 minutos.*

Los verbos *einkaufen* y *ankommen* pertenecen al grupo de verbos compuestos separables. Estos verbos se componen de un verbo base (aquí: *kaufen, kommen*) y un prefijo (aquí: *ein* y *an*). El prefijo lleva siempre el acento de la palabra.

Al igual que en los nombres compuestos, el elemento a la izquierda (aquí: el prefijo) especifica el significado del elemento base (aquí: el verbo base), p. ej.:

kommen = venir	*ankommen = llegar*	*mitkommen = acompañar*
sehen = ver	*fernsehen = ver la tele*	*ansehen = mirar*

Los prefijos son, en muchos casos, preposiciones u otra clase de palabras que también existen como palabras individuales y que mantienen su significado en el verbo compuesto, p. ej.: *mit* = preposición que expresa compañía, acompañamiento:

mitkommen = acompañar	*mitgehen = acompañar*	*mitbringen = llevar consigo, traer*

an = preposición que expresa contacto, acercamiento:

ankommen = llegar	*anrufen = llamar por teléfono*

Sin embargo, el prefijo también puede cambiar el significado del verbo por completo.

hören = oír	*aufhören = dejar de hacer algo*
fangen = atrapar	*anfangen = empezar*

Los verbos separables en la oración

		2ª posición		final
oración enunciativa	Wir	kommen	in 20 Minuten	an.
pregunta con interrogativo	Wo	steigen	wir	aus?
pregunta abierta		Kaufst	du noch	ein?
		verbo base		prefijo

Como se ve en el esquema, los verbos compuestos separables forman un paréntesis oracional, parecido al de los verbos modales:

El verbo conjugado (= el verbo base) se coloca en 2ª posición, el prefijo se separa del verbo y se coloca al final de la oración, independientemente de la cantidad de elementos que pueda haber entre las dos partes del verbo.

Los verbos con cambio de vocal (ampliación): nehmen

■ ***Nimmst** du die S-Bahn?*
▲ *Nein, ich **nehme** den Bus.*

■ *¿Vas en cercanías?*
▲ *No, tomo / tomaré el autobús.*

		nehmen
singular	ich	nehme
	du	nimmst
	er/sie	nimmt
plural	wir	nehmen
	ihr	nehmt
	sie/Sie	nehmen

nehmen es otro verbo que hace el cambio de *-e-* a *-i-* en la 2ª y 3ª persona del singular, pero este verbo tiene otra particularidad: Aparte de la vocal también cambia la consonante que le sigue, convirtiendo *-hm-* en doble *-m-*.

Lección 11: Was hast du heute gemacht?

Lo que vas a aprender: *hablar del pasado, hablar de la rutina diaria.*

Las preposiciones temporales von ... bis y ab

***Von** neun **bis** eins habe ich gearbeitet.*
*Das Musikfrühstück ist **ab** neun.*

He trabajado desde las nueve hasta la una.
El desayuno musical es a partir de las nueve.

Las preposiciones *von ... bis* indican un período de tiempo.
La preposición *ab* indica el inicio de una actividad que ocurrirá en el futuro.
La pregunta correspondiente en ambos casos es *wann?*

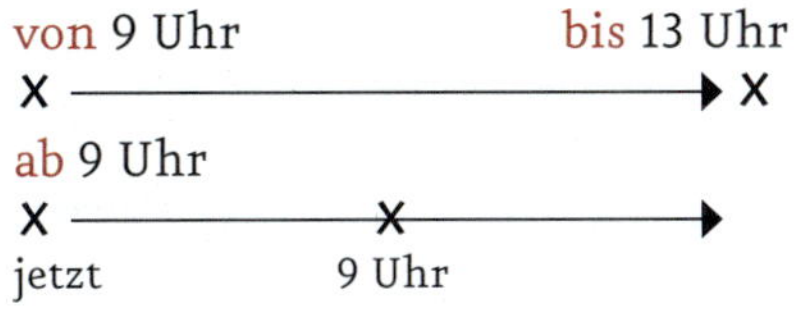

GRAMMATIK

Los verbos separables con cambio de vocal: einladen

Barbara lädt mich immer zum Mittagessen ein, aber heute lade ich sie ein.

Barbara siempre me invita a comer pero hoy la invito yo.

		einladen
singular	ich	lade ein
	du	lädst ein
	er/sie	lädt ein
plural	wir	laden ein
	ihr	ladet ein
	sie/Sie	laden ein

einladen es un verbo compuesto separable y al mismo tiempo pertenece al grupo de los verbos que cambian la vocal de *-a-* a *-ä-*.
Como la raíz termina en *-d* se intercala una *-e-* delante de la desinencia de la 2ª persona del plural, pero no en las formas que llevan el *Umlaut*.

Explicaciones gramaticales

El *Perfekt* con haben

■ *Was hast du denn heute gemacht?*	■ *¿Qué has hecho hoy?*
▲ *Ich habe mit Frau Dr. Weber gesprochen, und am Nachmittag habe ich eingekauft.*	▲ *He hablado con la doctora Weber, por la tarde he hecho la compra.*

En alemán, el *Perfekt* es un tiempo del pasado que va unido al lenguaje hablado y a textos escritos en un registro similar, como p. ej. cartas personales, postales, etc. El *Perfekt* se puede usar para hacer referencia tanto a situaciones recientes como a situaciones lejanas.

Es un tiempo compuesto que se forma con un verbo auxiliar conjugado (*haben*) y un participio que es invariable (*gemacht*, *gesprochen*, etc.).
Como se ve en los ejemplos, el participio no se forma siempre de la misma manera. En principio hay dos grupos: los que terminan en *-t* y los que terminan en *-en*. En ambos grupos se antepone la sílaba *ge-* a la raíz del verbo:

ge...t
machen → **ge**mach**t**
üben → **ge**üb**t**

Todos los verbos regulares pertenecen este grupo y también algunos (muy pocos) irregulares, p. ej.:

denken → **ge**dach**t**
wissen → **ge**wuss**t**

ge...en
sehen → **ge**seh**en**
lesen → **ge**les**en**

A este grupo pertenece la mayoría de los verbos con cambio de vocal (en presente, pretérito o perfecto):

sprechen → **ge**sproch**en**
schreiben → **ge**schrieb**en**

Algunas particularidades:

...ge...t/en
einkaufen → *ein***ge***kauf***t**
anrufen → *an***ge***ruf***en**

En los verbos compuestos separables, la sílaba *ge-* se pone entre el prefijo y la raíz del verbo.

Verbos que terminan en *...ieren*
telefonieren → ~~*ge*~~*telefonier***t**
fotografieren → ~~*ge*~~*fotografier***t**

Los verbos cuyo infinitivo termina en *-ieren* no llevan la sílaba *ge-*.

Es recomendable apuntar y aprender los verbos irregulares con su respectiva forma del presente y de *Perfekt*, p. ej.:

lesen – liest – hat gelesen
sprechen – spricht – hat gesprochen
einladen – lädt ein – hat eingeladen, etc.

El Perfekt en la oración

		2ª posición		final
oración enunciativa	Um 10 Uhr	habe	ich	eingekauft.
pregunta con interrogativo	Was	hast	du	gemacht?
pregunta abierta		Hast	du das	gewusst?
		verbo base		participio

Con el *Perfekt* vuelve a aparecer el paréntesis oracional: el auxiliar (*haben*) se coloca en segunda posición y el participio al final.

Ojo: con el verbo *haben*, en vez del *Perfekt* (*habe ... gehabt*) se suele utilizar más la forma del *Präteritum* (*hatte*). Este tiempo verbal se verá más adelante.

*Ich **habe** heute Orchesterprobe **gehabt**. = Ich **hatte** heute Orchesterprobe.*
(Hoy he tenido un ensayo con la orquesta.)

Indicaciones de tiempo

***Letzten Freitag habe** ich Freunde eingeladen.* — *El vienes pasado invité a amigos.*
*Nina hat **letztes Jahr** geheiratet.* — *Nina se casó el año pasado.*

Al igual que en español, la indicación de tiempo se puede hacer sin preposición.
Va entonces en acusativo.

Lección 12: Was ist denn hier passiert?

Lo que vas a aprender: *hablar de viajes y eventos.*

La preposición temporal im

*Das Oktoberfest ist **im Herbst**.* — *La "fiesta de la cerveza" se hace en octubre.*
***Im Mai** ist das Festival Rock am Ring.* — *En mayo tiene lugar el festival de Rock am Ring.*

Las indicaciones *im Herbst, im Mai* responden a la pregunta *wann?* Como ves, con los meses y las estaciones del año se usa la preposición *im*.

Anteriormente hemos conocido otras preposiciones temporales.
Aquí tienes un resumen:

Wann?		
am	+ los días de la semana:	*am Montag, am Wochenende, ...*
	+ las partes del día:	*am Morgen, am Abend, ...* (excepción: in der Nacht)
um	+ las horas del día:	*um 7 Uhr, ...*
im	+ las estaciones del año:	*im Sommer, im Winter, ...*
	+ los meses	*im August, im Dezember, ...*

Explicaciones gramaticales

El Perfekt *con* sein

Henry ***ist*** *nach Hamburg* ***gekommen.***	*Henry vino a Hamburgo.*
Wir ***sind*** *in die Schweiz* ***gefahren.***	*Hemos ido a Suiza (en coche / tren / autobús).*
Bist *du spazieren* ***gegangen?***	*¿Te has ido a pasear?*
Ich ***bin*** *um 7 Uhr* ***aufgestanden.***	*Me he levantado a las 7 horas.*

Hay una serie de verbos que forman el *Perfekt* con el auxiliar *sein* en vez de *haben*. Son verbos intransitivos (=que no llevan un complemento directo) y que indican un desplazamiento (*kommen, gehen, fahren, fliegen*) o un cambio de estado (*aufstehen*).

Algunas particularidades:

- El verbo *fahren* implica siempre un desplazamiento en vehículo.
- El verbo *gehen* implica normalmente un desplazamiento a pie.

En algunos contextos también puede indicar un cambio de residencia:
Paco ist nach München gegangen. *Paco se ha ido a vivir a Múnich.*

- Al igual que con el verbo *haben*, con el verbo *sein* se prefieren las formas del *Präteritum* cuando se habla del pasado:

Ich bin in Berlin gewesen. = Ich war in Berlin. (He estado / Estuve en Berlin.)

El *Präteritum* se verá con más detalle más adelante.

Wohin?
Nach München.
In die Schweiz.
In (den) Iran.

A la pregunta *wohin?* se puede responder con varias preposiciones. Apréndelas de momento como un giro fijo.

Fonética

Lección 10: El acento de la palabra en los verbos separables

Die Passagiere vom Flug 134 können jetzt einsteigen.
Der ICE 756 aus Hamburg kommt heute um 13:50 Uhr an.

Los verbos con un prefijo separable llevan el acento de la palabra siempre en el prefijo. El acento del verbo base queda en un segundo plano. El prefijo también se acentúa si el verbo está conjugado y el prefijo aparece al final de la frase, como en el segundo ejemplo.

Lección 11: El acento de la frase en oraciones con *Perfekt*

- ■ *Was hast du heute gemacht?*
- ▲ *Ich habe gelesen.*
- ■ *Was denn?*
- ▲ *Ich habe das Buch „Das Idealpaar" gelesen.*

Ya hemos visto en la lección 7 que, al igual que en español, el acento de la frase puede cambiar según lo que se quiere resaltar más. Si el hablante quiere resaltar el verbo, en las oraciones en *Perfekt* ese acento oracional recae normalmente en el participio.

Lección 12: La *r* vocálica y consonántica

La *r* vocálica aparece en la sílaba *-er* y detrás de vocales largas, si la *r* forma parte de la misma sílaba que la vocal. La *r* vocálica se llama así porque se pronuncia de forma parecida a una *a* breve y relajada.

der Sommer, der Herbst, der Winter – Jahr, Januar, Februar

La *r* consonántica aparece al principio de una palabra o sílaba y detrás de vocales cortas.

Notas culturales

La economía alemana o no hay bien que por mal no venga

Uno de cada tres euros alemanes proviene de la exportación, por lo que deducimos que Alemania depende en gran medida de su comercio exterior. En el área de mercancías exportadas, es líder a nivel mundial, por delante de Estados Unidos, China o Japón. Esto significa también que cada cuarto puesto de trabajo en Alemania pende del hilo del consumo en el extranjero, de la imagen del *Made in Germany* que los productos tengan en el exterior y de la globalización que conlleva la posibilidad de producir en países más baratos.

El país al que más exporta Alemania es Francia, y Europa en general absorbe un 60 % de los productos alemanes. Al continente americano se exporta un 11,5 % de la producción, a Asia el 11,3 % y a África un 1,9 %. Desde el año 2000 los productos exportados han aumentado un 77 % y las importaciones a Alemania un 68 %.

A día de hoy el producto más exportado sigue siendo el automóvil y, entre las primeras empresas alemanas por volumen de negocio, dos se dedican a la producción de automóviles: *Volkswagen* y *Daimler*. Entre los primeros 10 puestos, se encuentra otro gigante automovilístico, *BMW*, la empresa del sector energético *E.ON*, *Siemens* con diferentes unidades de negocio, *Metro* del sector alimenticio, y la *Deutsche Telekom*, de telefonía. Pero lo que podría denominarse una característica de Alemania como país exportador son las múltiples empresas tipo PYME que cuentan con "nichos algo mundanos aunque rentables", es decir, la prosperidad alemana tiene como base – en boca de unos periodistas británicos – lóbregas máquinas y herramientas, una complicada electrotécnia y *aburridos* productos químicos.

Tanto en Alemania como en Austria y Suiza, cada vez más un mayor volumen de productos se prefabrica en otros países para abaratar costes. Y esto es un indicador de que las principales inversiones abandonan lentamente el país, lo que supone una amenaza para los puestos de trabajo en Alemania.

Los índices internacionales de evaluación de las economías de los países desarrollados y en vías de desarrollo, como el *Índice de Competitividad Global*, dan un puesto relativamente satisfactorio a Alemania, el 6° lugar de 144 países, pero no son tan optimistas cuando analizan el poder de crecimiento alemán que, consideran, se encuentra entre el puesto 16 y el 21. ¿Qué razones existen para tal "disparidad"? Los estudios muestran que Alemania alberga un sector productivo internacionalmente competitivo en un mercado interno relativamente cauto. Por ejemplo, si observamos el sector del automóvil: su crecimiento en producción ha sido del 5 % en el 2011 frente al año anterior, sin embargo, muchos coches que circulan por las carreteras alemanas han sido fabricados en Francia o Japón. En otros sectores como el textil, los productos proceden por ejemplo de Islas Filipinas o de la India, lo que debilita el mercado interno y pone en riesgo numerosos puestos de trabajo en Alemania.

Para solucionar este incipiente problema se precisarían, así apuntan los estudios macroeconómicos, reformas de gran envergadura a nivel social y económico. Ahora bien, ¿qué representarían estas reformas? Una mayor flexibilidad laboral, para empezar, seguida de unos costes laborales más bajos y una política educativa más exigente, sin olvidar la superación de las barreras burocráticas, reformas que colisonan frontalemente con los logros de una arraigada sociedad del bienestar.

Suiza es un país económicamente fuerte también gracias a su alto porcentaje de trabajadores extranjeros, en este país vecino trabaja y vive un 20 % de población extranjera. La población más representativa entre los extranjeros que en los últimos años han entrado en Suiza es precisamente la alemana, con un 56 % del total. Los alemanes que trabajan en Suiza lo hacen sobre todo en el sector servicios, en hoteles y restaurantes. Pero Suiza es también muy atractiva para algunos científicos alemanes que allí encuentran menos burocracia y más libertad para sus investigaciones. Lo que también aprecian es que las empresas suizas gasten más dinero en I+D que su vecina Alemania, que la protección de la propiedad intelectual sea alta y que sus instituciones estatales tengan fama de ofrecer un buen servicio al ciudadano. Con esta puntuación tan alta, Suiza se ha ganado un segundo puesto en el *Índice de Competitividad Global*, y sólo Finlandia consigue superarla.

Fiestas nacionales

En Austria, el día de la fiesta nacional se celebra el día 26 de octubre. En mayo de 1955, se firmó el *Staatsvertrag* (contrato estatal) junto a los cuatro aliados, y el 25 de octubre las tropas de estos cuatro países abandonaron definitivamente el país. El día 26 de octubre, Austria firmó un pacto de neutralidad en forma de una ley constitucional. 10 años más tarde, en memoria de este pacto, se estableció el 26 de octubre como día de fiesta nacional.

Suiza tiene el día de fiesta nacional más antiguo entre los países de habla alemana. Uno de los posibles orígenes data del año 1291 cuando tres cantones se unieron contra los Habsburgo y formaron así el núcleo de lo que hoy en día es Suiza. Pero esta fecha se baraja sólo como una entre varias posibilidades, y, de la misma manera, leyenda e historia se mezclan en torno al 1 de agosto, que se fijó como fiesta nacional en 1889.

La fiesta nacional alemana es la más joven de entre los países de habla alemana, ya que existe sólo desde 1991, año en que se fijó el 3 de octubre como "día de la unidad alemana" (*Tag der deutschen Einheit*). Justo un año antes, el mismo día, la República Democrática Alemana dejó de existir y se integró oficialmente en la República Federal Alemana.

Liechtenstein celebra su fiesta nacional el día 15 de agosto, coincidiendo así una fiesta de la iglesia católica y el cumpleaños de anterior príncipe Franz Josef II, cuyo aniversario se celebraba al día siguiente. En 1940 su parlamento determinó la confluencia festiva de ambos acontecimientos.

La capilla palatina de Aquisgrán

Entre un arroyo y su fuente, ¿cuál posee el agua más pura?
Diácono Juan Himónides, Vida de Gregorio (ff.s.IX)

Nuestro conocimiento de épocas remotas procede a menudo de fragmentos dispersos y alterados, lo que obliga a un arduo trabajo de análisis y reconstrucción en el que la suposición desempeña un papel fundamental. Incluso en aquellos vestigios que han llegado hasta nosotros de forma excepcionalmente íntegra, se hace necesario no solo escudriñarlos para diferenciar aquello que es original de aditamentos posteriores, sino además recrear mediante la imaginación todo aquello que les rodeaba.

Este es el caso de la Capilla Palatina de Aquisgrán (*Aachen*), construida a finales del s.VIII por Carlomagno en el centro de Austrasia (región capital de su imperio, en lo que actualmente son las dos Lorenas) y sin duda la obra más significativa y mejor preservada de la arquitectura carolingia llegada hasta nuestros días. Las sucesivas alteraciones y adiciones a la capilla original, que la han incrustado en la ecléctica fábrica de la catedral, hacen difícil imaginar que originalmente formase parte de un complejo palaciego mucho más extenso del que, a excepción de la capilla y su característico epíteto, apenas quedan trazas arqueológicas y referencias escritas. No obstante, éstas han permitido a los historiadores reconstruir de forma fidedigna la apariencia de un conjunto de construcciones que, en su serena monumentalidad, se inspiraba en el palacio Laterano de Roma.

La existencia de aguas termales en los por lo demás inhóspitos pantanos de la zona había hecho de Aquisgrán un lugar de retiro y cura para las tropas romanas destacadas en aquellos confines del Imperio, cuyo renombre se acrecentaría hasta el punto de ser visitada por el emperador Caracalla durante la guerra contra los germanos a principios del siglo III d.C. Fueron los romanos quienes dieron al emplazamiento el nombre de *Aquae Granni*, al atribuir las propiedades curativas de las aguas a Grannus, una deidad de origen céltico asociada con la salud, el sol y los manantiales. Siglos después, las aguas termales resultarían determinantes en la decisión de Carlomagno de trasladar la capital del Imperio a esta localidad: durante sus últimos años de vida, aquejado de gota, el emperador gustaba de frecuentar el balneario acompañado de súbditos, a quienes la invitación imperial honraba y distinguía excepcionalmente.

Las termas carolingias, ubicadas al este, se conectaban mediante galerías al complejo palaciego. Éste se organizaba en torno a un gran patio rectangular en cuyos lados cortos se disponían al norte el *Aula Palatina* y al sur la Capilla, a la que se adosaban otras edificaciones. En los lados largos, de 100 m de longitud, se repartían otras dependencias de carácter más utilitario: galerías, audiencia, cuartel y otras dependencias para funcionarios, clérigos y sirvientes.

En el *Aula Palatina* tenía lugar la asamblea anual presidida por Carlomagno a la que eran convocadas todas las personalidades de su imperio y donde se decidía acerca de las más importantes cuestiones políticas y legislativas. Según parece, habría sido construida a imagen y semejanza de la basílica homónima erigida por en Tréveris (*Trier*) a principios del s. IV, la cual aún podemos admirar. Al igual que ésta, se trataría de una nave rectangular de considerables dimensiones, construida en ladrillo. Sobre sus ruinas, en el s. XIV se construyó el ayuntamiento de Aquisgrán, que ha mantenido su ubicación desde entonces.

En lo que respecta a la Capilla Palatina, que haya llegado hasta nosotros el nombre de su arquitecto – Odón de Metz – evidencia la singularidad que la capilla imperial debió tener aún en la época de su construcción. El arquitecto se inspiró directamente en un edificio construido en el s. VI por orden de Justiniano, emperador de Bizancio: la iglesia de San Vital de Rávena, ciudad que había sido conquistada para los Estados Pontificios por Pipino, padre de Carlomagno, en 784. Parecería que la audacia y el dinamismo espacial de San Vital no hubiesen podido ser igualados por los canteros carolingios, en su desconocimiento de las técnicas bizantinas de construcción de bóvedas con ladrillo y piezas ligeras de terracota, lo que les habría hecho recurrir a importantes simplificaciones. No obstante, el equilibrio y pulcritud del edificio lo hacen, en palabras del renombrado estudioso de la arquitectura medieval Kenneth J. Conant, "digno heredero de las obras de la Antigüedad clásica" y lo acercan más a los modelos romanos que a los bizantinos. Es más, algunos historiadores apuntan hacia la posibilidad de que la aparente regresión se debiese no tanto a la supuesta impericia de los canteros carolingios como a cuestiones ideológicas: de este modo la simplicidad constructiva expresaría un ideal de claridad y rigor asociado a la autoridad romana, que Carlomagno extendería a otros ámbitos como las leyes, la liturgia o la música, favoreciendo así la consolidación de la dinastía de los francos. En su afán por restaurar el clasicismo romano, los constructores carolingios se valieron igualmente de fragmentos pertenecientes a un pasado tan glorioso como remoto, despojos arrancados de su añorado modelo: columnas de mármol, bronces, e incluso mosaicos fueron traídos de las viejas capitales del Imperio Romano, Roma y Rávena, y empleados en la decoración de la capilla y otras dependencias imperiales.

Quellenverzeichnis

Cover: © Getty Images/Image Source

Seite 5: Flaggen © fotolia/createur

Seite 14: Flaggen © fotolia/createur, Baskenland © PantherMedia/tony4urban; Katalonien © PantherMedia/adamgolabek; Galizien

Seite 20: © panthermedia/James Steidl

Seite 21: © iStockphoto/goldenKB

Seite 22: © fotolia/Medy Popcorn

Seite 23: © iStockphoto/claudiaveja; Karte: © www.cartomedia-karslruhe.de

Seite 29: © iStockphoto/ZU_09

Seite 42: Tisch © iStockphoto/simonkr

Seite 44: © panthermedia.net/Dietmar Stübing

Seite 47: © fotolia/gk60

Seite 48: © Flashmedia Bild/D. Zengel

Seite 49: © iStockphoto/alex556677

Seite 60: Flagge © fotolia/createur; Gewürzgurke © iStockphoto/Pumpa1

Seite 61: © iStockphoto/stockcam

Seite 62: © iStockphoto/jimd_stock

Seite 63: © iStockphoto/bluestocking

Seite 64: © fotolia/Thomas Oswald

Seite 67: Käse © iStockphoto/adlifemarketing; Labskaus © fotolia/Carmen Steiner

Seite 69: © fotolia/Michael Möller

Seite 70: Lehrer © iStockphoto/Viorika

Seite 71: © fotolia/Simone van den Berg

Seite 73: © dpa Picture-Alliance/IMAGNO/Austrian Archives

Seite 90: © iStockphoto/Jacom Stephens

Seite 91: Umschlagbild von “Das Idealpaar“ EDITORIAL IDIOMAS/Hueber Verlag

Seite 92: © fotolia/Horst Tomaszewski

Seite 94: © Thinkstock/iStockphoto

Alle übrigen Fotos: Florian Bachmeier, München